SPEAK UP

By

Eddy M Yusuf S
2007

Published By

AESC & KPAI, Inc.
2011

KATA PENGANTAR

Berlatih berbicara bahasa Inggris rasanya kurang lengkap jika tidak disertai berlatih **memaknai ungkapan Inggris** yang lazim digunakan oleh penutur aslinya. Kalau tidak, bisa saja timbul salah penafsiran atau pemahaman. Bahasa Inggris sangat kaya dengan ungkapan khusus, yang sesungguhnya sering tidak disadari oleh penutur aslinya namun menimbulkan kesan tersendiri bagi kita yang mempelajarinya, *unik tapi agak sulit dipahami*. Tak ubahnya seperti ungkapan Indonesia yang memberi kesan unik kepada orang asing yang mempelajarinya.

Saya teringat kepada pengalaman saya bergaul dengan penutur asli bahasa Inggris dari Kanada dan Amerika Serikat dua puluh dua tahun silam. Tahun 1985 – 1990 saya mengajar bahasa Indonesia kepada sejumlah ekspatriat dari Kanada dan Amerika Serikat dengan bahasa pengantar: bahasa Inggris. Selama kurun waktu itu saya banyak memperhatikan bahasa Inggris yang mereka pergunakan dalam berkomunikasi, baik dengan saya maupun dengan teman senegara mereka

Dari gaya bahasa yang mereka pergunakan, saya menangkap banyak ungkapan yang bisa kita tiru ketika kita hendak berkomunikasi menggunakan apa yang disebut dengan *natural English*. Disamping itu, saya juga menyarikan ungkapan-ungkapan Inggris dari film-film yang saya tonton dan novel-novel berbahasa Inggris yang saya baca. Ungkapan-ungkapan itu saya rangkum dan sajikan dalam sebuah buku kecil yang saya beri judul: ***SPEAK UP***

Untuk membantu Anda memahami makna ungkapan-ungkapan Inggris yang lazim digunakan oleh para penutur aslinya, dalam buku ini ungkapan-ungkapan tersebut disajikan dalam bentuk kalimat-kalimat lepas yang merupakan potongan-potongan dari percakapan sehari-hari yang mereka lakukan. Ungkapan-ungkapan tersebut diberi padanan Indonesia, ***bukan diterjemahkan!*** Dengan demikian, Anda diharapkan dapat membandingkan dan mengetahui bagaimana *satu gagasan yang sama* diungkapkan dalam dua bahasa dengan gaya masing-masing.

Karena ungkapan Inggris kaya dengan makna, sementara bahasa Indonesia kaya dengan ragam gaya bahasa maka satu ungkapan Inggris seringkali dapat diberi lebih dari satu padanan Indonesia tanpa mengubah maknanya. Sebagai contoh, ungkapan Inggris *"Is that all?"* diberi empat padanan Indonesia: *"**Hanya itu saja?**", "**Segitu saja?**", "**Nggak ada lagi?**",* dan *"**Cukup segitu?**".*

Ungkapan-ungkapan Inggris yang memiliki kata dasar yang sama disimpan di bawah satu kata masukan (*entry*). Kata masukan-kata masukan itu disusun menurut abjad untuk memudahkan Anda menemukan ungkapan yang diperlukan.

Dalam kesempatan ini, saya ingin menyebut beberapa nama ekspatriat yang begitu derasnya mencecar saya dengan ungkapan-ungkapan Inggris dan gaya bicara mereka yang berlainan: *Paul Shires, Elaine Overly, Claudia, Denis & Patti Garretson, Gary & Judy Anderson, Anton & Joan Bucher* (*pasangan suami istri yang sewaktu menjadi pengajar tamu untuk kelas bahasa Inggris di Hotel Guntur Bandung tahun 1985, sambil gurau pernah berselisih karena masing-masing mempertahankan caranya melafalkan kata "**machine**"*), *Phillip & Marian, Ian Mc Donough, Kathy William, John & Neil Smith* (*yang selalu ingat lagu kesukaan saya "Morning Has Broken" dari Cat Steven*), *Dick & Sandy McNeil,* dan *Bill Markel.* "How have you been, guys? I've missed you a lot."

Selamat berlatih.

Cimahi, 25 Agustus 2007.
Eddy M. Yusuf S.

FOREWARD

Practice speaking English seems incomplete if not accompanied by the English interpretation of the phrases commonly used by native speakers. If we study phrases, it can only aid in our interpretation and understanding. The English language is very rich with special phrases, which is not often recognized by native speakers, but create an impression for our study here. Indonesian also have unique expressions that gives a unique impression to foreigners who study it.

I am reminded of my experience along with native English speakers from Canada and the United States twenty-two years ago. In the years 1985 - 1990 I was teaching the Indonesian language to a number of expatriates from Canada and the United States in English. During that time I noticed a lot of English phrases that they use in communicating, either with me or with their countrymen.

From the style of language they use, I caught a lot of expressions that we can emulate when we want to communicate using what is called the natural Classic language. Besides that, I also extracted English phrases from the movies that I watch and novels in English that I read. The expressions that I summarized and presented in this booklet that I gave the title: SPEAK UP

SPEAK UP was written to help you understand the meaning of English expressions commonly used by native speakers; in this book expressions are presented in the form of loose sentences which are pieces of everyday conversation. The expressions are then given the equivalent of Indonesia expressions, it is not translated! Thus, you are expected to compare and find out how the same idea expressed in two languages with their respective styles.

The English phrases are rich with meaning, while the Indonesian language is rich with a variety of styles; then one English phrase can often be more than one equivalent of Indonesian phrase without changing its meaning. For example, the English phrase "Is that all?" Given four equivalents Indonesia: "Is that all?", "So much alone?", "Nothing more?", And "Just that much?".

English expressions that have the same basic word stored under a single word input (entry). Said input-word entries are arranged alphabetically to help you find the required expression.

On this occasion, I would like to mention some names of expatriates who were so swift grilling me with English phrases and their different speaking styles: Paul Shires, Overly Elaine, Claudia, Denis & Patti Garretson, Gary & Judy Anderson, Anton & Joan Bucher (couples who were guest lecturers for English classes at Guntur Hotel, Bandung in 1985, while bantering were at odds because each maintains how pronounced the word "machine"), Phillip & Marian, Ian Mc Donough, Kathy Williams, John & Neil Smith (who always remember my favorite song "Morning Has Broken" by Cat Steven), Dick & Sandy McNeil, and Bill Markel. "How have you been, guys? I've missed you a lot."

Congratulations practice.

Cimahi, August 25, 2007.
Eddy M. Joseph S.

DAFTAR ISI

KATA PENGANTAR _____ 2

DAFTAR ISI _____ 6

A _____	7
B _____	17
C _____	27
D _____	42
E _____	55
F _____	62
G _____	72
H _____	82
I _____	91
J _____	94
K _____	96
L _____	100
M _____	112
N _____	122
O _____	126
P _____	131
Q _____	139
R _____	140
S _____	150
T _____	171
U _____	184
W _____	189

DAFTAR PUSTAKA _____ 206

SPEAK UP
ENGLISH – INDONESIAN

A

ABACK

- ➤ *I was taken aback.*
- = Aku kaget bener.
- = Aku terperanjat.

ABOUT

- ➤ *What's it all about?*
- = Apa-apaan ini?

ABSURD

- ➤ *That's absurd.*
- = Aneh-aneh saja.
- = Ada-ada saja.
- = Wah, itu kan nggak bener.

- ➤ *You're being absurd.*
- = Kamu aneh-aneh saja.

- ➤ *Don't be absurd.*
- = Kamu jangan suka aneh-aneh dong.
- ➤ *This is absurd.*

= Ini kan nggak bener.
= Ini kan nggak lucu.

ACCOUNT

➢ *I have no savings account.*
= Aku nggak punya rekening tabungan.

➢ *It's on my own account.*
= Atas tanggunganku sendiri.

➢ *It's on her own account.* (*her* untuk wanita)
= Atas tanggungan dia sendiri.

➢ *It's on his own account.* (*his* untuk pria)
= Atas tanggungan dia sendiri.

➢ *Put it into my account.*
= Masukkan saja ke dalam rekeningku

ACQUAINTANCE

➢ *She's my acquaintance.* (*she* untuk wanita)
➢ *He's my acquaintance.* (*he* untuk pria)
= Dia kenalanku.

➢ *They're my acquaintances.*
= Mereka kenalanku.

ACT

➢ *It's acting up again.*
= Ngadat lagi.

= Mulai ngadat lagi nih.

- ➤ *She's acting up.* (***she*** untuk wanita)
- ➤ *He's acting up.* (***he*** untuk pria)
- = Dia lagi ngadat.

- ➤ *You're acting up again!*
- = Kamu rewel lagi!

ADMIT

- ➤ *He admitted using drugs.*
- = Dia mengaku menggunakan narkoba.

ADVANCE

- ➤ *In advance.*
- = Terlebih dahulu.

- ➤ *Pay in advance,*
- = Bayar di muka.

- ➤ *The meeting was advanced two days.*
- = Rapatnya dimajukan dua hari.

AFFAIR

- ➤ *It's a personal affair.*
- = Ini urusan pribadi.

- ➤ *People's affairs.*
- = Urusan orang lain.

AFFECT

- ➤ I'm really affected. (untuk kondisi **sekarang**)
- ➤ I was really affected. (untuk kondisi *lampau*)
- = Aku merasa terharu.

AFFORD

- ➤ We can't afford to be late.
- = Kita jangan sampai terlambat.

- ➤ You can't afford to fail this time.
- = Kali ini kamu jangan sampai gagal lagi.

AFRAID

- ➤ I'm afraid I can't.
- = Takutnya aku nggak bisa.

- ➤ I'm afraid of losing my job.
- = Aku takut kehilangan pekerjaan.
- ➤ I'm afraid to go that way.
- = Aku takut melewati jalan itu.

AGAIN

- ➤ Do come again.
- = Silakan datang lagi.

AGE

- ➤ He understated his age.

= Dia mengurangi usianya.

AHEAD

- *Ahead of us.*
= Di depan kita.

- *Far ahead.*
= Jauh di depan.
= Jauh ke depan.

- *We're always ahead.*
= Kami selalu yang terdepan.

- *Look ahead.*
= Lihat ke depan.

AIR

- *He's walking on air.*
= Dia jadi lupa daratan.

ALL

- *Is that all?*
= Cuma itu saja?
= Cuma segitu?
= Cukup segitu aja?
= Nggak ada lagi?

- *That's all.*
= Sekian saja.

- = Cuma itu saja.
- = Cuma segitu saja.
- = Cukup segitu saja.
- = Nggak ada lagi.

- ➢ *All for now.*
- = Sekian saja dulu.

- ➢ *That's all I know.*
- = Cuma itu yang aku tahu.

- ➢ *Not at all.*
- = Sama sekali nggak.
- = Nggak sama sekali.
- ➢ *We've gotta settle this once and for all.*
- = Kita harus selesaikan ini sampai tuntas.

- ➢ *Is that all you got?*
- = Cuma segitu saja kemampuanmu?
- = Cuma segitu yang kamu punya?

ALONG

- ➢ *Drive down along this street.*
- = Terus saja lurus ikuti jalan ini.

- ➢ *Along the way.*
- = Sepanjang perjalanan.
- = Selama dalam perjalanan.

ALWAYS

- ➢ *As always.*

= Seperti biasa saja.

ANGER

- *I'll risk taking her anger.* (***her*** untuk wanita)
- *I'll risk taking his anger.* (***his*** untuk pria)
= Aku siap dimarahi dia.

- *I was filled with anger.*
= Waktu itu aku diliputi rasa marah.

ANOTHER

- *I need another two million rupiahs.*
= Aku perlu uang dua juta lagi.

- *We need another two hours.*
= Kami perlu waktu dua jam lagi.

ANSWER

- *You're always answering me back.*
= Kamu selalu membantahku.

- *Don't answer me back.*
= Jangan membantahku.

ANY

- *If any.*
= Kalau ada.

APPARENTLY

➢ *Apparently*
= Ternyata.

➢ *She's, apparently, a liar.* (***she*** untuk wanita)
➢ *He's, apparently, a liar.* (***he*** untuk pria)
= Ternyata dia seorang pembohong.

APPETITE

➢ *I lost my appetite.*
= Selera makanku hilang.

APPOINTMENT

➢ *We have an appointment this evening.*
= Kami janjian mau ketemu ntar malam.

AROUND

➢ *I'll see you around ten this morning*
= Aku akan temui kamu sekitar jam sepuluh pagi ini.

➢ *Around here.*
= Di sekitar sini.

➢ *I hope these handouts will go around.*
= Mudah-mudahan selebaran ini akan cukup buat dibagi-bagikan.

ASSERTIVE

➢ *She's assertive.* (***she*** untuk wanita)
➢ *He's assertive.* (***he*** untuk pria)

= Dia orangnya tegas.

ASTONISHED

> I was astonished.
= Aku heran sekali.
= Aku kaget sekali.

ATMOSPHERE

> I don't like the work atmosphere here.
= Aku nggak suka suasana kerja di sini.

AVAIL

> I went there to no avail. She's not in.
= Sia-sia saja aku ke sana. Dia lagi nggak ada.

AWAY

> Please don't give me away.
= Tolong dong jangan bocorkan rahasiaku.

> She's away from home. (*she* untuk wanita)
> He's away from home. (*he* untuk pria)
= Dia jauh dari keluarga.

> The kid ran away from home.
= Anak itu kabur dari rumah.

> It's pretty far away.

= Sungguh jauh sekali.

- *Take her away.* (***her*** untuk wanita)
- *Take him away.* (***him*** untuk pria)
= Bawa dia ke luar.

- *It's hard to be away from home.*
= Berat kalau harus jauh dari keluarga.

B

BACK

➢ *How far back is your house from the main road?*
= Rumahmu seberapa jauh dari jalan raya?

➢ *Two houses stepping back from the main road.*
= Terhalang dua rumah dari jalan raya.

➢ *I won't be back until noon.*
= Aku baru kembali ntar siang.

➢ *I'll be right back.*
= Aku segera kembali lagi.

➢ *I'll be back soon.*
= Aku segera kembali.

➢ *My back is aching.*
= Punggungku terasa sakit.

➢ *I have a backache.*
= Punggungku terasa sakit.

➢ *I have a pain on my back.*
= Punggungku sakit.

➢ *She's at the back.* (**she** untuk wanita)
➢ *He's at the back.* (**he** untuk pria)

= Dia lagi di belakang.

- Don't turn your back on me.
= Jangan membelakangi aku.

- Don't stab me in the back.
= Jangan menghianatiku.

- Don't go behind my back.
= Jangan kasak kusuk di belakangku.

- This thing travels back and forth.
= Benda ini bergerak maju mundur.

- Stand back!
= Mundur.

- Back off!
= Mundur!

- I back off.
= Aku mundur saja.
= Aku nggak jadi ikutan.
= Aku keluar saja.

BAD

- That's too bad.
= Sayang sekali.

- I feel bad.
= Aku merasa nggak enak.

- *He's a bad guy.*
= Dia orang yang nggak baik.

- *I need money badly.*
= Aku benar-benar lagi butuh uang.

- *It's a bad check.*
= Ini cek kosong.

- *It's a bad debt.*
= Kredit macet.
= Piutang yang tidak bisa ditagih.

- *Not so bad.*
= Lumayan.
= Nggak jelek-jelek amat.

BATTERY

- *The battery is dead.*
= Baterainya mati.

BEAT

- *They always beat you.*
= Mereka selalu mendahului kamu.

- *Beats me.*
= Mana aku tahu.

BECAUSE

- ➢ *All just because of you.*
- = Ini semua gara-gara kamu.
- = Gara-gara kamu sih!

- ➢ *All just because of your lie!*
- = Ini semua akibat kebohonganmu!

BEEN

- ➢ *It's been a year since I smoked.*
- = Sudah setahun aku nggak merokok.

BELIEVE

- ➢ *Hard to believe.*
- = Sulit dipercaya.

- ➢ *I can hardly believe it.*
- = Hampi-hampir aku nggak bisa mempercayainya.

- ➢ *I'll believe it when I see it.*
- = Aku baru mau percaya kalau sudah melihatnnya.

- ➢ *Seeing is believing.*
- = Ada bukti dulu, baru percaya.

- ➢ *You should believe me.*
- = Kamu harus percaya aku.

- ➢ *It is believed that ….*
- = Orang-orang percaya kalau ….

BELONG

- ➢ *It belongs to me.*
- = Ini milikku.

BELONGINGS

- ➢ *They're my belongings.*
- = Ini barang-barang milikku.

BETTER

- ➢ *This would be better.*
- = Mendingan yang ini.

BETWEEN

- ➢ *This is just between you and me.*
- = Ini rahasia kita berdua saja.

BEWARE

- ➢ *Beware of dog!*
- = Awas ada anjing!

BIG

- ➢ *It's too big.*
- = Ini kebesaran

- ➢ *It's too big for me.*
- = Ini kebesaran buat aku.

BLAME

- ➢ *She took all the blames.* (***she*** untuk wanita)
- ➢ *He took all the blames.* (***he*** untuk pria)
- = Dia yang jadi disalahin.

- ➢ *I don't blame you.* (***don't*** untuk bentuk ***sekarang***)
- ➢ *I didn't blame you.* (***didn't*** untuk bentuk ***lampau***)
- = Aku nggak nyalahin kamu.

- ➢ *I don't know who's to blame.*
- = Aku nggak tahu siapa yang harus disalahin.

BLOOM

- ➢ *She's blooming.*
- = Dia sedang hamil tua.

BLOW

- ➢ *The wind's blowing hard.*
- = Anginnya kencang.

- ➢ *She had a blowout.* (***she*** untuk wanita)
- ➢ *He had a blowout.* (***he*** untuk pria)
- = Dia mengalami pecah ban.

- ➢ *The breakup was a blow to him.*
- = Perceraian itu merupakan pukulan bagi dia.

BOARD

- ➢ *My grandma's boarding some university students.*
- = Nenekku terima beberapa mahasiswa kos di

rumahnya.

- ➢ *We take in boarders.*
- = Kami terima yang mau kos.

- ➢ *They're boarding with me.*
- = Mereka kos di rumahku.

- ➢ *I'm boarding at Mrs. Watson's.*
- = Aku kos di rumahnya Bu Watson.

BOOK

- ➢ *Here's your passbook.*
- = Ini buku tabunganmu.

BORN

- ➢ *I wasn't born yesterday.*
- = Aku bukan anak kemarin sore.

BOTHER

- ➢ *Don't bother.*
- = Jangan repot-repot.
- ➢ *Don't let this bother you too much.*
- = Sudahlah masalah ini jangan terlalu dijadikan beban pikiranmu.

- ➢ *Something's bothering me.*
- = Hatiku nggak enak.

BOX

> *I boxed all the files up for storage.*
= Semua berkas sudah aku pak dan dikegudangkan.

BREAK

> *It's a break time.*
= Waktunya istirahat.

> *Someone broke into their house.*
= Rumah mereka kebobolan maling.

> *Their house was broken into.*
= Rumah mereka dijebol maling.

> *They broke the rules.*
= Mereka melanggar aturan.

> *They broke up.*
= Mereka putus.

> *I'm broke.*
= Aku lagi nggak punya uang sama sekali.

> *She broke her promise.* (**she** untuk wanita)
> *He broke his promise.* (**he** untuk pria)
= Dia melanggar janjinya.
= Dia tidak menepati janjinya.

> *This will break the wind.*
= Ini akan menahan angin.

BRIEF

> *In brief.*
= Singkatnya.

> *A brief report.*
= Laporan singkat.

BRING

> *I was brought up by my grandma.*
= Aku diasuh dan dibesarkan oleh nenekku.

> *What brings you here?*
= Ada keperluan apa kamu ke sini?

BULB

> *The bulb needs replacing.*
= Bohlamnya perlu diganti.

BUSH

> *Don't beat around the bush.*
= Bicaranya jangan berputar-putar.
= Jangan bicara bertele-tele.

> *She's always beating around the bush.*
   (*she* untuk wanita)
> *He's always beating around the bush.*
   (*he* untuk pria)
= Kalau bicara dia suka berbelit-belit.

BUSINESS

- *It's none of my business.*
= Ini sama sekali bukan urusanku.

- *It's none of your business.*
= Ini sama sekali bukan urusanmu.

- *Mind your own business.*
= Pikirkan saja urusanmu sendiri.
= Jangan usil sama urusan orang lain.

BUY

- *She's honest; she can't be bought.*
  (**she** untuk wanita)
- *He's honest; he can't be bought.*
  (**he** untuk pria)
= Dia orangnya jujur; nggak bisa disuap.

- *They're just buying time.*
= Mereka cuma mengulur-ngulur waktu saja.

C

CALL

- *She's been calling in sick.* (***she*** untuk wanita)
- *He's been calling in sick.* (***he*** untuk pria)
= Dia sudah sering nggak masuk kerja pura-pura sakit.

- *She often calls in sick.* (***she*** untuk wanita)
- *He often calls in sick.* (***he*** untuk pria)
= Dia sering bolos kerja dengan alasan (pura-pura) sakit.

- *I got a call.*
= Aku dapat panggilan.
- *I got a phone call.*
= Aku dapat telepon.

- *Answer the call, please.*
= Tolong angkat teleponnya.
= Tolong dijawab teleponnya.

- *I'm available for your call any time of the day.*
= Aku bisa ditelepon jam berapa saja.

CAN

- *I could've, but I was just reluctant.*
= Sebenarnya aku bisa sih, cuma aku malas saja.

- ➢ *Bisa saja.*
- = Could be.

- ➢ *I'm afraid I can't.*
- = Aku takutnya nggak bisa.

- ➢ *I doubt that I can.*
- = Aku ragu apa bisa apa nggak, ya.

- ➢ *Can you do me a favor?*
- = Bisa nolongin aku nggak?

CARD

- ➢ *Business card.*
- = Kartu nama.

- ➢ *Do you have a card? I'll get back to you.*
- = Punya kartu nama nggak? Ntar aku telepon.

CARE

- ➢ *Who cares?*
- = Biarin saja.
- = Masa bodoh.
- = Siapa peduli.

- ➢ *Take care.*
- = Hati-hati.

- ➢ I'll take care of it.
- = Biar aku yang urus.
- = Biar aku yang tangani.

- ➢ Take good care.
- = Jaga dengan hati-hati.

- ➢ I'll take care of her. (***her*** untuk wanita)
- ➢ I'll take care of him. (***him*** untuk wanita)
- = Biar aku yang tangani orang itu.

- ➢ I care for you.
- = Aku peduli sama kamu.

CARRY

- ➢ I was carried away.
- = Aku merasa terbuai.

- ➢ Let's carry on.
- = Ayo, kita lanjutkan.

CASE

- ➢ In case ….
- = Kalau-kalau ….

- ➢ In case I need it.
- = Kalau-kalau aku membutuhkannya.

- ➢ It's a rare case.
- = Ini kasus yang langka.

- ➢ *In that case ….*
- = Kalau begitu ….

- ➢ *In that case, you're welcome to come in.*
- = Kalau begitu, kamu dipersilakan masuk.
- = Kalau begitu kamu boleh masuk.

- ➢ *In some cases ….*
- = Dalam beberapa hal ….

- ➢ *In some cases it won't work out.*
- = Dalam beberapa hal, itu tidak akan berjalan baik.

- ➢ *As the case may be.*
- = Gimana nanti sajalah.

CATCH

- ➢ *The lock won't catch.*
- = Gemboknya nggak mau ngunci.

- ➢ *What's the catch?*
- = Maksud sebenarnya apa sih?

CAVITY

- ➢ *Cavity.*
- = Lubang pada gigi.

- ➢ *I have a cavity to fill.*
- = Gigiku berlubang harus ditambal.

CELEBRATION

> This calls for celebration.
= Ini perlu dirayakan.

CHANGE

> Do you happen to keep small change?
= Kamu punya uang receh nggak?

> Keep the change.
= Kembaliannya buat kamu saja.

> We need something for a change.
= Kita perlu selingan.

> Let's do something for a change.
= Kita cari selingan, yuk.

> I changed my mind.
= Aku nggak jadi.
= Aku berubah pikiran.
= Aku membatalkan niatku.

CHARGE

> Who's in charge?
= Siapa yang bertugas?
= Siapa yang memimpin?

> Who's in charge of this office?
= Siapa pimpinan kantor ini?

> You take charge now?

= Kamu yang mengambil alih pimpinan sekarang?

➢ *He charged me for nothing.* (**he** untuk pria)
= Dia menuduhku yang bukan-bukan.

➢ *How much do you charge me?*
= Berapa aku harus bayar?

➢ *They charged me more.*
= Sama aku mereka minta bayaran lebih.

➢ *No charge.*
= Nggak usah bayar.

CHECK

➢ *Would you check it with the secretary?*
= Silakan tanyakan masalah ini ke sekretaris.

➢ *I'll check with her.* (**her** untuk wanita)
= Aku akan tanyakan sama dia.

CHOICE

➢ *I have no other choice.* (untuk kondisi **sekarang**)
➢ *I had no other choice.* (untuk kondisi **lampau**)
= Aku terpaksa.
= Aku nggak punya pilihan lain.

CHOOSY

➢ *You're choosy!*
= Kamu cerewet!

CLEAN

- *He's clean.* (***he*** untuk pria)
- = Dia nggak ikut berbuat kotor.

CLEAR

- *Is it clear?*
- = Aman nggak?
- = Jelas nggak?

- *It's clear.*
- = Aman.
- = Jelas.

- *It's not clear.*
- = Tidak aman.
- = Tidak jelas.

- *Did I make myself clear?*
- = Apakah penjelasanku bisa dipahami?

- *You're never clear to me.*
- = Kamu nggak pernah terus terang sama aku.
- *She's always clear to me.* (***she*** untuk wanita)
- *He's always clear to me.* (***he*** untuk pria)
- = Dia selalu terus terang sama aku.

- *The coast's clear.*
- = Situasinya aman.

- *Clear off!*
- = Semua menyingkir!

- ➢ *Clear off the room.*
- = Kosongkan ruangannya.
- = Keluarkan semua barangnya dari ruangan.

CLOSE

- ➢ *That's a close.*
- = Tadi hampir saja.

- ➢ *She's close to me.* (***she*** untuk wanita)
- ➢ *He's close to me.* (***he*** untuk pria)
- = Dia dekatnya sama aku.

- ➢ *Come closer.*
- = Ke sini mendekat.

- ➢ *Get closer.*
- = Ke sini mendekat!

COME

- ➢ *How come?*
- = Gimana bisa gitu?

- ➢ *Are you coming?*
- = Kamu mau ikut nggak?

- ➢ *What time are you coming over?*
- = Jam berapa kamu mau ke rumahku?

- ➢ *They're coming soon.*
- = Mereka segera tiba.

= Mereka segera datang.

➢ *Come up with your ideas.*
= Kemukakan gagasanmu.

➢ *Come on, you can do it.*
= Ayo dong, kamu pasti bisa.

➢ *Come on in.*
= Ayo, masuk.

➢ *She's coming over.* (***she*** untuk wanita)
➢ *He's coming over.* (***he*** untuk pria)
= Dia mau datang berkunjung.

COMFORTABLE

➢ *I'm not comfortable on the bus.*
= Aku merasa nggak nyaman kalau di bis.
= Aku nggak merasa nyaman kalau naik bis.

➢ *I'm more comfortable on the train.*
= Aku lebih merasa nyaman kalau di kereta
= Aku merasa lebih nyaman kalau naik kereta.

➢ *The chair is not comfortable.*
= Kursinya nggak enakeun.

COMMISSION

➢ *It's out of commission.*
= Lagi rusak.

COMMITTEE

- ➢ *She's on the organizing committee.*
- ➢ *He's on the organizing committee.*
- = Dia anggota panitia penyelenggara.

COMMON

- ➢ *They have something in common.*
- = Mereka punya persamaan.

- ➢ *They have so much in common.*
- = Mereka punya banyak persamaan.

COMPLAIN

- ➢ *It's no use complaining.*
- = Mengeluhpun nggak ada gunanya.

- ➢ *You complain where it does no good.*
- = Kamu mengeluhpun nggak ada gunanya.

- ➢ *She's complaining too much.* (**she** untuk wanita)
- ➢ *He's complaining too much.* (**he** untuk pria)
- = Dia banyak mengeluh.

COMPLETE

- ➢ *I'm completing my mission.*
- = Aku lagi nyelesaiin tugasku.

- ➢ *She's completed writing her thesis.*

> *He's completed writing his thesis.*
= Dia sudah selesai menulis skripsinya.

COMPLICATED

> *It's a complicated problem.*
= Ini persoalan yang rumit.

CONCERN

> *I really appreciate your concern for me.*
> *Thank you for your concern for me.*
= Terima kasih atas perhatian kamu sama aku.

> *They have no concern for us.*
= Mereka nggak punya perhatian sama sekali sama kita.

> *As long as I'm concerned.*
= Sepanjang pengetahuanku.

CONDOLE

> *I condole with the loss of your sister.*
= Aku turut berduka cita atas meninggalnya saudaramu.

CONFIDENTIAL

> *It's confidential.*
= Ini bersifat rahasia.

> *She's my confidential secretary.*
　(**she** untuk wanita)

> He's my confidential secretary. (***he*** untuk pria)
= Dia sekretaris pribadiku.

CONFIRM

> Five have been confirmed to come.
= Lima orang telah dipastikan mau datang.

CONSIDERATION

> It's under consideration.
= Lagi dipertimbangkan.

> It's still under consideration.
= Masih lagi dipertimbangkan.

CONSTRUCTION

> It's still under construction.
= Masih lagi dibangun.

> It's under construction.
= Lagi dibangun.

CONTACT

> I'd like to stay in contact with you.
= Aku ingin tetap berhubungan dengan kamu.

> Do you have any contacts in that company?
= Kamu pumya hubungan di perusahaan itu nggak?

CONTAGIOUS

- *It's a contagious disease.*
= Itu penyakit menular.

COOPERATIVE

- *Cooperative.*
= Koperasi.

- *Rural cooperative.*
= Koperasi Unit Desal
= KUD.

COUNT

- *Count me in.*
= Aku ikutan.
= Tolong aku diikutsertakan.

- *Count me out.*
= Aku nggak ikutan.
= Tolong aku jangan diikutsertakan.

COUPLE

- *A couple of days.*
= Beberapa hari.

COURAGE

- *She has her courage to speak before public.*
- *He has her courage to speak before public.*
= Dia punya keberanian berbicara di depan umum.

- ➢ *Never lose your courage.*
- = Jangan patah semangat.
- = Jangan pernah berputus asa.

CREDIT

- ➢ *Give me credit.*
- = Hargai aku dong.

- ➢ *Credit union.*
- = Koperasi Simpan Pinjam.

CROOK

- ➢ *Some people earn money by hook or by crook.*
- = Ada orang yang mencari uang dengan tidak mengenal hala latau haram

- ➢ *The printer is fine, but the paper tray is in crooked.*
- = Printernya nggak apa-apa, cuma tempat kertasnya saja nggak lurus.

CURSE

- ➢ *Someone put a curse on her.* (***her*** untuk wanita)
- ➢ *Someone put a curse on him.* (***him*** untuk pria)
- = Dia ada yang mengguna-gunai.

CYNICAL

- ➢ *You're being cynical, eh?*

=   Kamu kekhi, ya?

D

DAMN

- ➤ *I don't give a damn.*
- = Aku nggak peduli.
- = Masa bodoh.

- ➤ *You're damn right.*
- = Kamu benar sekali.

DARE

- ➤ *How dare you!*
- = Beraninya kamu!

- ➤ *How dare you do it behind my back.*
- = Beraninya kamu berbuat begitu di belakangku.

DARK

- ➤ *You keep me in the dark.*
- = Kamu berahasia sama aku.

DATE

- ➤ *How's your date with her?* (**her** untuk wanita)
- ➤ *How's your date with him?* (**him** untuk pria)
- = Gimana pertemuan kamu sama dia?

> *Surat itu tertanggal 12 Agustus 1996.*
= The letter was dated August 12, 1996.

DAWN

> *At dawn.*
= Pada waktu fajar.

DAY

> *It's gonna be a long day.*
= Ini akan menjadi hari yang melelahkan.

> *In daylight.*
= Di siang hari.
> *Any other day.*
= Besok-besok.

> *Tomorrow is another day.*
= Masih ada hari esok.

DEAL

> *That's a very good deal.*
= Itu harga yang sangat murah.

> *It's not a big deal.*
= Ini bukan urusan besar.
= Ini cuma urusan kecil saja.

> *Let's make a deal.*
= Kita bikin kesepakatan, yuk?

➤ *Deal?*
= Setuju?

➤ *I got the deal.*
= Aku setuju.

DELAY

➤ *No more delay.*
= Jangan ditangguh-tangguhkan lagi.
= jangan ada penangguhan lagi.
➤ *For some reasons, the meeting has to be delayed.*
= Karena beberapa alasan, rapatnya terpaksa ditangguhkan.

DELIVER

➤ *What's your minimum order for delivery purposes?*
= Paling sedikit harus berapa kalau pesanan bisa diantar?

➤ *Do you deliver?*
= Bisa diantar nggak?

➤ *Deliveries are made on Monday, Wednesday, and Thursday.*
= Pengiriman dilakukan setiap hari Senin, Rabu, dan Kamis.

➤ *What time's the mail delivered?*
= Jam berapa posnya datang?

DEPEND

- ➤ *I can't depend on angkot too much.*
- = Aku nggak bisa terlalu ngandelin angkot.

- ➤ *That depends.*
- = Itu tergantung.

- ➤ *It depends very much on you.*
- = Itu banyak tergantung sama kamu.

DEPOSIT

- ➤ *Time deposit.*
- = Deposito berjangka.

DETAIL

- ➤ *She's detailed to our office.* (**she** untuk wanita)
- ➤ *He's detailed to our office.* (**he** untuk pria)
- = Dia diperbantukan di kantor kami.

DETERMINANT

- ➤ *Determinant factor.*
- = Faktor penentu.

DETERMINED

- ➤ *I'm detrermined.*
- = Aku sudah bertekad.

DIE

- *I'm dying to see her.*
= Aku ingin sekali ketemu dia.

DIFFERENCE

- *It doesn't make any difference to me.*
= Buat aku ini nggak ada bedanya.

- *Let's split the difference.*
= Sisanya kita bagi-bagi saja.

DISAPPROVE

- *I disapprove of her conduct.* (**her** untuk wanita)
- *I disapprove of his conduct.* (**his** untuk pria)
= Aku nggak suka sama tindak tanduknya.

- *We must disapprove of their bad practice.*
= Kita harus mencela kebiasaan jelek mereka.

DISCONNECTED

- *I was disconnected.*
= Aku lagi nelepon tiba-tiba putus.

DISCRETION

> *I leave it to your discretion.*
= Aku serahkan soal ini pada kebijaksanaanmu.

DISCUSSION

> *It's under discussion.*
= Lagi dibahas.

DISGUISE

> *You disguise your feeling well.*
= Kamu pandai menyembunyikan perasaan.

> *Blessing in disguise.*
= Hikmah yang tersembunyi.

DISMISS

> *Dismissed!*
= Bubar!

> *She's dismissed.* (**she** untuk wanita)
> *He's dismissed.* (**he** untuk pria)
= Dia dipecat.

DISTANCE

> *She came from a distance.* (**she** untuk wanita)
> *He came from a distance.* (**he** untuk pria)
= Dia datang dari jauh.

DISTANT

- ➤ *They're my distant relatives.*
- = Mereka kerabat jauhku.

- ➤ *She's my distant relative.* (**she** untuk wanita)
- ➤ *He's my distant relative.* (**he** untuk pria)
- = Dia saudara jauhku.

DO

- ➤ *How're you doing?*
- = Apa kabar?

- ➤ *What are you going to do with this money?*
- = Mau kamu apakan uang ini?

- ➤ *What are you doing?*
- = Apa-apaan kamu ini?

- ➤ *I can do nothing.*
- = Aku nggak bisa berbuat apa-apa.

- ➤ *It has nothing to do with me.*
- = Ini nggak ada kaitannya sama aku.

- ➤ *What have you been doing?*
- = Kamu ngapain saja dari tadi?

- ➤ *No one can do it, but you.*
- = Nggak ada yang bisa ngerjain ini selain kamu.
- ➤ *You can't do this for very long without getting sick.*

= Kamu nggak bisa terus-terusan begini, ntar kamu sakit.

➢ *You've done so much for me.*
= Kamu sudah banyak berbuat kebaikan buat aku.

➢ *Please don't do that to me.*
= Jangan gitu dong sama aku.

➢ *Is it done?*
= Sudah beres belum?
= Sudah selesai belum?

➢ *It's done.*
= Sudah beres.
= Sudah selesai.

➢ *I got it done.*
= Aku sudah menyelesaikannya.
= Aku sudah selesai.

➢ *You never did anything like this before.*
= Dulu kamu nggak pernah berbuat kayak gini.

➢ *That will do.*
= Itu bisa digunakan.

➢ *I have so much I have to do.*
= Aku lagi banyak kerjaan.

➢ *Just do it.*
= Kerjain saja.

➢ Do it!
= Kerjakan!

➢ Do something!
= Lakukan sesuatu.

➢ What do you do?
= Kamu kerja di mana?

➢ What do you folks do?
= Kalian kerja di mana?

➢ What's done is done.
= Jangan menyesali apa yang sudah terjadi.
= Yang sudah lalu biarlah berlalu.

➢ I got it done.
= Aku sudah menyelesaikannya.

➢ I have something to do with her.
   (*her* untuk wanita)
➢ I have something to do with him.
   (*him* untuk pria)
= Aku ada urusan sama dia.

➢ I have nothing to do with them.
= Aku nggak ada urusan sama mereka.

➢ That will do.
= Itu juga bolehlah.

➢ *This will do.*
= Ini juga bisa digunakan.

➢ *What are you doing this weekend?*
= Apa rencanamu akhir pekan ini?

➢ *I'll give it back as soon as I'm done.*
= Ntar aku kembaliin begitu aku selesai.

➢ *Hold a second. I'm almost done.*
= Tunggu sebentar. Aku hampir selesai.

DOOR

➢ *You make a better door than a window.*
= Kamu jangan menghalangi pandanganku dong.

DOUBT

➢ *I doubt.*
= Aku ragu.
= Aku sangsi.

➢ *I doubt that I'll go.*
= Aku belum tahu apa jadi pergi atau nggak.

➢ *I doubt that they'll come.*
= Aku ragu apakah mereka mau datang atau nggak.
= Aku sangsi apakah mereka mau datang atau nggak.

➢ *I doubt that I can make it.*
= Takut nggak bisa kekejar.

- ➢ *I doubt that she can make it.* (***she*** untuk wanita)
- ➢ *I doubt that he can make it.* (***he*** untuk pria)
- = Aku sangsi kalau dia bisa berhasil.

- ➢ *I doubt that I can.*
- = Takutnya aku nggak bisa sih.

- ➢ *There's no doubt.*
- = Nggak ragu lagi.

- ➢ *No doubt.*
- = Pasti.

- ➢ *I doubt it.*
- = Belum tentu.

- ➢ *I doubt his honesty.* (***his*** untuk pria)
- = Aku meragukan kejujurannya.

DOWN

- ➢ *Downwards.*
- = Ke bawah.
- = Dari atas ke bawah.

- ➢ *Down!*
- = Turun!

- ➢ *Get down!*
- = Merunduk!

- ➢ *Just down the road.*
- = Di ujung jalan.
- ➢ *Don't let me down.*
- = Jangan kecewakan aku.

- ➢ *I've never let you down.*
- = Aku nggak pernah ngecewain kamu.

- ➢ *From the manager down to the office boy.*
- = Mulai dari pimpinan sampai pesuruh kantor.

DRESS

- ➢ *She's always properly dressed.*
  (**she** untuk wanita)
- ➢ *He's always properly dressed.*
  (**he** untuk pria)
- = Dia selalu berpakaian rapih.

- ➢ *She's always well dressed.* (**she** untuk wanita)
- ➢ *He's always well dressed.* (**he** untuk pria)
- = Pakaiannya selalu rapih.

DROOPING

- ➢ *The flowers are drooping.*
- = Bunga-bunganya pada layu.

- ➢ *Her eyelids are drooping.* (**her** untuk wanita)
- ➢ *His eyelids are drooping.* (**his** untuk pria)
- = Kelopak matanya layu.

DUE

- ➢ *This all is due to your lie.*
- = Ini semua karena kebohonganmu.

- ➢ *The rent is due.*
- = Sewanya sudah harus dibayar.

- ➢ *When's the rent due?*
- = Kapan sewanya harus dibayar?

- ➢ *The rent falls due on the seventh of the month.*
- = Sewanya harus dibayar setiap tanggal tujuh.

- ➢ *Due date on the note.*
- = Batas tanggal pelunasan.

- ➢ *The bill is due early next month.*
- = Rekeningnya harus dilunasi awal bulan depan.

E

EASY

- ➤ *Easy, man.*
- = Tenang dong.
- ➤ *Just take it easy.*
- = Tenang sajalah.

- ➤ *Easy, right?*
- = Mudah, kan?

- ➤ *Looks easy.*
- = Kelihatannya mudah.

- ➤ *Seems easy.*
- = Sepertinya mudah.

- ➤ *You always want to do things the easy way.*
- = Kamu selalu mau enaknya saja.

- ➤ *Go easy on the water.*
- = Gunakan air seperlunya.

- ➤ *Take it easy; you'll be fine.*
- = Tenang saja; ntar juga kamu pulih.

EAT

- ➢ *Eat your heart out!*
- = Rasain saja sendiri!
- = Rasain loe!

- ➢ *She can eat her heart out.*
  (***she**, **her*** untuk wanita)
- ➢ *He can eat his heart out!*
  (***he**, **his*** untuk pria)
- = Biar dia ngerasain sendiri akibatnya.

- ➢ *I seldom eat outside.*
- = Aku jarang makan di luar.

- ➢ *Let's eat ouside.*
- = Kita makan di luar, yuk?

ELECTRIC

- ➢ *Electric Company.*
- = Perusahaan Listrik.

- ➢ *Electric bill.*
- = Rekening listrik.

- ➢ *My electric bill is up this month.*
- = Bulan ini tagihan listrikku naik.

- ➢ *The electricity will be off from seven to nine.*
- = Akan ada pemadaman listrik dari pukul 7 sampai 9.

EMPLOY

- ➤ *How many people are employed here?*
- = Ada berapa orang karyawan di sini?

- ➤ *Employment.*
- = Lapangan kerja.

EMPTY

- ➤ *Empty the suitcase.*
- = Kosongkan kopornya.

- ➤ *Empty the glass.*
- = Kosongkan gelasnya.

END

- ➤ *I'm at my wit's end*
- = Aku kehabisan akal.

ENJOY

- ➤ *Last night we enjoy ourselves.*
- = Tadi malam kami merasa senang.

ENOUGH

- ➤ *That's enough!*
- = Cukup!

- ➤ *I've had enough of her.* (**her** untuk wanita)
- ➤ *I've had enough of him.* (**him** untuk pria)
- = Aku sebal sama dia.

EVENT

- ➤ *In the event of ….*
- = Seandainya terjadi ….

- ➤ *In the event of a blackout.*
- = Seandainya terjadi pemadaman listrik.

EXACTLY

- ➤ *Exactly!*
- = Tepat sekali!
- = Justru itulah!

EXAM

- ➤ *Exam(s)*
- = Ujian.

EXAMINATION

- ➤ *Final examination.*
- = Pemeriksaan akhir.

EXCITE

- ➤ *They don't sound very excited.*
- = Kedengarannya mereka nggak begitu tertarik.

- ➤ *It's really exciting!*
- = Benar-benar menyenangkan!

- ➤ *I'm getting excited.*
- = Aku merasa senang.

- ➤ *Don't get excited!*
- = Jangan terburu nafsu!

EXCUSE

- ➤ *It's just an excuse.*
- = Itu cuma alasan yang dibuat-buat.

- ➤ *Excuse me.*
- = Permisi.

- ➤ *If you would excuse me.*
- = Tolong ijinkan aku.
- ➤ *If you would excuse me, I'd see the toilet.*
- = Permisi, saya mau ke belakang dulu.

EXHAUSTED

- ➤ *I'm exhausted.*
- = Aku lelah sekali.

EXPECT

- ➤ *She's expecting her baby.*
- = Dia sedang hamil.

- ➤ *Are you expecting someone?*
- = Kamu lagi nunggu seseorang?

- ➤ *Who are you expecting?*
- = Kamu lagi nunggu siapa?

- ➤ *I'm expecting someone from Denver.*
- = Aku lagi nunggu seseorang dari Denver.

- ➤ *Is she expecting you?* (**she** untuk wanita)
- ➤ *Is he expecting you?* (**he** untuk pria)
- = Apakah dia sudah tahu kamu mau datang?
- = Apakah kamu sudah janjian sama dia mau ketemu?

- ➤ *She's expecting me.* (**she** untuk wanita)
- ➤ *He's expecting me.* (**he** untuk pria)
- = Dia sudah tahu aku mau datang ketemu dia.
- = Aku sudah janjian sama dia mau ketemu di sini.

- ➤ *I was not expecting to get this gift.*
- = Aku nggak nyangka bakal dapat hadiah ini.

- ➤ *I did not expect to meet you here.*
- = Aku nggak nyangka bakal ketemu kamu di sini.

- ➤ *You're expecting a lot.*
- = Kamu banyak berharap.

➤ *You're expecting too much.*
= Kamu terlalu banyak berharap.

➤ *I'm not expecting a handout from you.*
= Aku nggak mengharapkan belas kasihan dari kamu.

➤ *She's expecting you now.* (**she** untuk wanita)
➤ *He's expecting you now.* (**he** untuk pria)
= Dia lagi nungguin kamu sekarang.
= Kamu ditunggu dia sekarang.

➤ *They're expecting me.*
= Aku lagi ditunggu mereka di sana.

EXPLORE

➤ *We're exploring a possibility to cooperate with them.*
= Kami lagi menjajaki kemungkinan kerja sama dengan mereka.

F

FAIR

- That's not fair.
= Itu curang.

- You're being unfair.
= Kamu curang.

FALL

- I really fell apart.
= Hatiku benar-benar hancur.

- She really fell apart. (*she* untuk wanita)
- He really fell apart. (*he* untuk pria)
= Hatinya benar-benar hancur.

- He fell down.
= Dia jatuh.

- He's a fall guy.
= Dia laki-laki yang dikambinghitamkan.

FAMILIAR

- Are you familiar with this area?

= Kamu hafal daerah ini nggak?

➤ *This part of town is not familiar to me.*
= Daerah ini asing buat aku.

➤ *It's familiar to me.*
= Ini nggak asing buat aku.

FAMINE

➤ *A famine-stricken area.*
= Sebuah daerah yang dilanda kelaparan.

FANCY

➤ *Fancy meeting you here!*
= Heran, bisa ketemu kamu di sini!

FAR

➤ *As far as I know, ….*
= Setahuku, ….
= Sepanjang pengetahuanku, ….

➤ *You've gone too far.*
= Kamu sudah keterlaluan.

➤ *That's going too far.*
= Itu sudah keterlaluan.

➤ *Far from that.*

= Boro-boro.

➢ *Far behind.*
= Jauh di belakang.

FARMING

➢ *They offer farming recreation.*
= Mereka menyediakan wisata kebun.

FAULT

➢ *Who's at fault?*
= Siapa yang bersalah?

➢ *She's at fault.* (***she*** untuk wanita)
➢ *He's at fault.* (***he*** untuk pria)
= Dia yang bersalah.

➢ *It's not my fault.*
= Ini bukan kesalahanku.

➢ *It's your fault.*
= Itu kesalahanmu.

➢ *It's no body's fault, but your own.*
= Ini bukan kesalahan siapa-siapa, melainkan kesalahanmu sendiri.

➢ *I can't fault you for forgetting.*
= Aku nggak bisa nyalahin kamu kalau kamu lupa.

- ➢ I don't wanna screen your fault.
- = Aku nggak mau nutup-nutupin kesalahanmu.

- ➢ They always find fault with everything I do or say.
- = Mereka selalu mencari-cari kesalahanku.

FAVOR

- ➢ Can you do me a favor?
- = Bisa bantuin aku nggak?

FEAR

- ➢ For fear ….
- = Takut kalau-kalau ….

- ➢ For fear of getting lost, he took me to guide him.
- = Takut kalau-kalau tersesat, dia mengajakku memandu dia.

- ➢ For fear they won't be responsible for that.
- = Takutnya sih, kalau-kalau mereka nggak mau bertanggung jawab atas soal itu.

- ➢ For fear they might mislead you.
- = Takut kalau-kalau mereka akan menyesatkanmu.

FEEL

- ➢ I feel the house shaking.
- = Aku merasa rumah ini goyang.

> *Do you feel this room shaking?*
= Kamu merasa ruangan ini goyang nggak?

> *I feel like going out for dinner.*
= Rasanya aku kepengen ke luar makan malam.

> *I have a guilty feeling.*
= Aku merasa bersalah.

FELLOW

> *A fellow's gotta get into the swim.*
= Sesama teman harus kompak.

> *Fellow doctors.*
= Sesama dokter.

> *Fellow students.*
= Sesama pelajar.

> *My fellow worker(s).*
= Teman sekantor.

FILL

> *fill.*
= Tambalan lubang pada gigi.

> *This cavity needs a fill.*
= Lubang pada gigi ini perlu ditambal.

FILM

➢ *There's a great movie on television tonight.*
= Ntar malam filmnya bagus di tv.

FINE

➢ *That suits me fine.*
= Bagi aku sih, gitu juga bolehlah.

➢ *They're just getting along fine.*
= Mereka akur-akur saja.

➢ *Just take it easy; you'll be fine.*
= Tenang sajalah; ntar juga kamu pulih lagi.

➢ *She's getting fine now.* (**she** untuk wanita)
➢ *He's getting fine now.* (**he** untuk pria)
= Dia mulai pulih lagi.

➢ *It sounds fine to me.*
= Aku setuju.
= Buat aku nggak apa-apa.

FINISH

➢ *I'm almost finished.*
= Aku hampir selesai.

➢ *Finish it!*
= Selesaikan!

➢ *Are you finished?*
= Kamu sudah selesai?

FIRE

- ➢ *She's fired.* (***she*** untuk wanita)
- ➢ *He's fired.* (***he*** untuk pria)
- = Dia dipecat.

FIRST

- ➢ *First of all, ….*
- = Pertama-tama, ….

- ➢ *First come, first served.*
- = Siapa cepat, dia yang dapat.

- ➢ *First thing in the morning.*
- = Besok pagi-pagi sekali.

FIX

- ➢ *My brother fixed me with her.* (***her*** untuk wanita)
- ➢ *My brother fixed me with him.* (***him*** untuk pria)
- = Kakakku yang ngenalin aku sama dia.

- ➢ *It's a fixed price.*
- = Ini harga pas.

FLAT

- ➢ *She had a flat.* (***she*** untuk wanita)
- ➢ *He had a flat.* (***he*** untuk pria)
- = Ban mobilnya pecah.

FLATTERY

- *Flattery will get you nowhere.*
= Rayuan nggak akan memberimu hasil apa-apa.

FLU

- *She's susceptible to flu.* (**she** untuk wanita)
- *He's susceptible to flu.* (**he** untuk pria)
= Dia mudah kena flu.

- *I'm going to have flu.*
= Kayaknya aku mau flu nih.

FOLK

- *My folks back home.*
= Orang-orang di kampong halaman.

FOOL

- *You're fooling me!*
= Kamu ngibulin aku, ya!
- *I'm not fooling you.*
= Aku nggak lagi ngibulin kamu.

- *You're trying to fool me.*
= Kamu mau coba-coba ngibulin aku, ya!

- *Have you ever known me to fool you?*
= Emang kamu pernah nemuin aku ngibulin kamu?

FORGET

- ➤ *I forgot about telling her this.*
  (*her* untuk wanita)
- ➤ *I forgot about telling him this.*
  (*him* untuk pria)
- = Aku lupa nggak ngasih tahu dia soal ini.

- ➤ *Just forget it!*
- = Sudah, lupakan saja!

FRIEND

- ➤ *That's what friends are for.*
- = Itulah gunanya teman.

- ➤ *A friend of mine.*
- = Temanku.

FRIGHTENED

- ➤ *I was frightened.*
- = Waktu itu aku merasa takut.

FRIGHTENING

- ➤ *It's frightening me.*
- = Ini menakutkan aku.

FRONT

- ➢ It's right out front.
- = Ada di depan.

- ➢ She's up front. (**she** untuk wanita)
- ➢ He's up front. (**he** untuk pria)
- = Dia di depan sekali.

FUN

- ➢ That would be fun.
- = Kayaknya bakal menyenangkan nih.

FUND

- ➢ I have some extra funds.
- = Aku ada uang lebih.

- ➢ We need to raise funds.
- = Kita perlu menggalang dana.

G

GET

- *Six got in.*
= Enam orang yang masuk.
= Enam orang yang diterima.

- *Get in.*
= Masuk.

- *Let's get in.*
= Mari kita masuk.

- *Get in the car.*
= Masuk ke mobil.

- *I'm getting reluctant.*
= Aku jadi malas.

- *We're getting a little off the subject.*
= Kita mulai menyimpang dari pokok permasalahan.
= Kita sudah sedikit menyimpang dari pokok permasalahan.

- *Get off my back.*
= jangan ganggu aku!

- *Get lost!*
= Sana pergi, jangan ganggu aku!

➢ Would you like me to get you some coffee?
= Mau aku ambilkan kopi nggak?

➢ I haven't got any so far.
= Sementara ini belum ada.

➢ You got it?
= Kamu ngerti nggak?
= Sudah dapat belum?

➢ I got it.
= Aku ngerti.
= Aku sudah mendapatkannya.

➢ I don't get you.
= Aku belum ngerti maksudmu.

➢ I don't get the point.
= Aku belum ngerti maksudnya.

➢ I didn't get you.
= Aku nggak ngerti maksudmu.

➢ I got mixed up.
= Aku jadi nggak ngerti.

➢ I didn't get the point.
= Aku nggak ngerti maksudnya.

➢ Don't get me wrong.
= Jangan salah ngertiin aku dong.

➢ Get out!

= Keluar!

➢ *Get out of here!*
= Keluar dari sini!

➢ *Let's get out of here.*
= Ayo, kita tinggalkan tempat ini.
= Ayo, kita pergi dari sini.

➢ *We've gotta get out of here.*
= Kita harus tinggalkan tempat ini.
= Kita harus pergi dari sini.

➢ *Get me out of here.*
= Keluarkan aku dari sini.
= Bawa aku pergi dari sini.

➢ *Go get him!*
= Ayo cari dia.
➢ *Let's get going.*
= Kita lanjutkan lagi.

➢ *We're just getting along fine.*
= Kami akur-akur saja.

➢ *She's not getting along well with her neighbors.*
➢ *He's not getting along well with his neighbors.*
= Dia nggak akur sama tetangganya.

➢ *I'll get one for you.*
= Akan aku ambilkan satu buat kamu.

➢ *Would you get me some drink?*

= Tolong ambilkan aku minum.

> *Hard to get out of these problems.*
= Susah mau keluar dari persoalan-persoalan ini.

GIVE

> *I don't give a damn.*
= Aku nggak peduli.
= Peduli amat.

> *Please don't give me away.*
= Tolong jangan bocorkan rahasiaku.

GLANCE

> *At a glance.*
= Sepintas saja.

> *I glanced over the report.*
= Hanya sepintas saja aku membaca laporan itu.

> *I just glanced at it.*
= Aku melihatnya hanya sepintas.

> *She glanced at me.* (**she** untuk wanita)
> *He glanced at me.* (**he** untuk pria)
= Sepintas dia melirikku.

GO

> *Here we go.*

= Kita mulai.

➢ *Go ahead.*
= Silakan.

➢ *Go on.*
= Teruskan.

➢ *Don't go away.*
= Jangan ke mana-mana.

➢ *We need to go over this.*
= Kita perlu membahas ulang masalah ini.

➢ *We'll go over this after lunch.*
= Kita akan bahas lagi masalah ini setelah makan siang.

➢ *How do you go about this?* (**do** bentuk **sekarang**)
➢ *How did you go about this?* (**did** untuk bentuk *lampau*)
= Gimana kamu ngerjain ini?

➢ *I'm going with you.*
= Aku ikut kamu.

➢ *How did it go?*
= Gimana, lancar?

➢ *How did the meeting go?*
= Gimana pertemuannya lancar?
= Gimana rapatnya lancar?

➢ *When you've gotta go, you've gotta go.*

= Kita nggak bisa nolak datangnya kematian.

➢ *My mom went first.*
= Ibuku meninggal duluan.

➢ *My dad went first.*
= Ayahku meninggal duluan.

➢ *You don't know what I'm going through.*
= Kamu nggak tahu apa yang lagi aku alami saat ini.

➢ *I'm going to take a master's degree.*
= Rencananya aku mau ngambil S2.

➢ *Where are you going end of this year?*
= Mau ke mana rencanamu akhir tahun ini?

➢ *When will you be gone?*
= Kapan kamu mau pergi?

➢ *How long will you be gone?*
= Berapa lama kamu mau pergi?

➢ *I'll be gone until Saturday.*
= Aku mau pergi sampai hari Sabtu.

➢ *What's going on?*
= Ada kejadian apa?

➢ *What's going on in there?*
= Ada kejadian apa di dalam sana?

- ➢ It goes well with that design.
- = Ini cocok sama model yang itu.
- ➢ It doesn't go well with this design.
- = Nggak cocok dengan model ini.

- ➢ Anything goes.
- = Apa saja bolehlah.

GOOD

- ➢ What's the good of knowing her?
  (**her** untuk wanita)
- ➢ What's the good of knowing him?
  (**him** untuk pria)
- = Buat apa kenal sama dia?

- ➢ Sounds good.
- = Baguslah.

- ➢ It sounds good to me.
- = Buat aku sih setuju saja.

- ➢ So far so good.
- = Sejauh ini baik-baik saja.

- ➢ For good.
- = Untuk selamanya.

- ➢ It's so good of you to come.
- = Kamu baik sekali mau datang.

- ➢ It's so good of you to spare your afternoon for me.

= Kamu baik sekali mau meluangkan waktu soremu buat aku.

➢ *It's good for nothing.*
= Itu nggak ada gunanya.

➢ *Does it do you any good?*
= Emangnya ini ada gunanya buat kamu?

➢ *It does me good.*
= Ini ada gunanya buat aku.

➢ *It won't do me any good now.*
= Ini nggak akan bisa aku gunakan lagi sekarang.
= Ini nggak akan ada gunanya lagi buat aku.

➢ *It won't do me much good.*
= Ini nggak akan banyak berguna buat aku.

➢ *It won't do you any good.*
= Ini nggak akan ada gunanya buat kamu.

➢ *It's no good of talking about this.*
= Nggak ada gunanya ngomongin soal ini.

➢ *He's good for nothing.*
= Dia nggak ada gunanya.
➢ *He's a good-for-nothing fellow.*
= Dia orang yang nggak ada guna.

➢ *Through all the good and bad I know how much we've had.*

= Aku tahu begitu banyak yang sudah kita lalui bersama dalam suka dan duka.

- ➤ I've never been this good before.
- = Aku belum pernah merasa sebaik ini sebelumnya.

GOSH

- ➤ Oh, my gosh!
- = Ya, ampun.

GROW

- ➤ I grew up in Boston.
- = Aku besar di Boston.

- ➤ I'm growing up now.
- = Aku bukan anak kecil lagi.
- = Aku sudah besar.

- ➤ I grew up with hardship.
- = Sejak kecil aku sudah bergulat dengan kesulitan.

- ➤ She's growing up. (*she* untuk wanita)
- ➤ He's growing up. (*he* untuk pria)
- = Dia sudah besar sekarang.

GUESS

- ➤ Will that be your guess as well?
- = Apakah dugaan kamu juga begitu?

➢ *That would be my guess as well.*
= Dugaanku juga begitu.

➢ *I guess so.*
= Kupikir begitu.

➢ *You had a bad guess.*
= Dugaanmu keliru.

➢ *It's a bad guess.*
= Itu dugaan yang keliru.

GUEST

➢ *Be my guest.*
= Silakan.

GUILTY

➢ *I feel guilty.*
= Aku merasa bersalah.

➢ *She has a guilty feeling.* (**she** untuk wanita)
➢ *He has a guilty feeling.* (**he** untuk pria)
= Dia punya perasaan bersalah.

H

HALF

- ➢ *She's my half sister.* (***she*** untuk wanita)
- ➢ *He's my half brother.* (***he*** untuk pria)
- = Dia saudaraku yang seibu.

- ➢ *She's my half sister.* (***she*** untuk wanita)
- ➢ *He's my half brother.* (***he*** untuk pria)
- = Dia saudaraku yang seayah.

HAND

- ➢ *Need a hand?*
- = Perlu bantuan?

- ➢ *Give me a hand, will ya?*
- = Bantuin aku, ya!
- ➢ *Hands off!*
- = Jangan ganggu.

HANG

- ➢ *Hang on!*
- = Bergantung!

- ➢ *Hang on, please.*
- = Tolong jangan ditutup dulu teleponnya.,

- ➤ *She likes hanging around.* (***she*** untuk wanita)
- ➤ *He likes hanging around.* (***he*** untuk pria)
- = Dia suka keluyuran.

- ➤ *You've been hanging around all the time.*
- = Kamu terus saja keluyuran.

HAPPEN

- ➤ *What's happening?*
- = Lagi ada kejadian apa?

- ➤ *What happened?*
- = Ada kejadian apa tadi?

- ➤ *How did it happen?*
- = Gimana kejadiannya?

HAPPY

- ➤ *I'm happy for you.*
- = Aku ikut senang.

HARD

- ➤ *Too hard on me.*
- = Tega sekali sama aku.

- ➤ *Hard to say.*
- = Susah ngungkapinnya.

- ➤ *Hard to believe it.*
- = Susah mau percayanya.

- *Hard to be away from home.*
= Berat rasanya kalau harus jauh dari keluarga.

- *Hard to be away from the one you love.*
= Berat kalau harus jauh dari orang yang kita cintai.

- *She's hard to please.* (***she*** untuk wanita)
- *He's hard to please.* (***he*** untuk wanita)
= Dia itu susah sekali disenangkan hatinya.

HARM

- *No harm.*
= Nggak ada salahnya.

- *No harm in telling them about this.*
= Nggak ada salahnya ngasih tahu mereka soal ini.

HASTE

- *Haste makes waste.*
= Biar lambat asal selamat.

- *In my haste, I forgot my driver's license.*
= Karena terburu-buru, SIM-ku jadi ketinggalan.

- *In my haste, I forgot my purse.*
= Karena terburu-buru sampai dompetku ketinggalan.

➢ *In my haste, I forgot my registration.*
= Aku tergesa-gesa sampai lupa bawa STNK.

HAVE

➢ *This room doesn't have air conditioner.*
= Ruangan ini nggak ada AC-nya.

➢ *You have some requirements to meet.*
= Ada beberapa persyaratan yang harus kamu penuhi.

➢ *She had me driving.* (**she** untuk wanita)
➢ *He had me driving.* (**he** untuk pria)
= Dia yang ngajarin aku nyupir sampai bisa.

➢ *I've had it with my mobile phone; it's acting up again.*
= Aku sebal sama ponselku; ngadat lagi.

➢ *I've had it with my printer; it's acting up again.*
= Aku sebal sama printerku; ngadat lagi.

➢ *I've had enough with her.* (**her** untuk wanita)
➢ *I've had enough with him.* (**him** untuk pria)
= Aku sebal sama dia.

➢ *I have those kids making noise almost every day before the house.*
= Aku kesal sama anak-anak itu hampir tiap hari bikin ribut di depan rumah.

- ➤ I have her asking for trouble all the time.
- ➤ I have him asking for trouble all the time.
- = Aku kesal sama dia cari gara-gara terus.

- ➤ I have it on her say-so. (*her* untuk wanita)
- ➤ I have it on his say-so. (*his* untuk pria)
- = Aku tahu karena dia bilang begitu sama aku.

HEAD

- ➤ I'm in over my head.
- = Aku kewalahan.

- ➤ She's in over her head. (*she*, *her* untuk wanita)
- ➤ He's in over his head. (*he*, *his* untuk pria)
- = Dia kewalahan.

HEAR

- ➤ I've heard a lot.
- = Aku sudah sering dengar.

- ➤ I've never heard it before.
- = Aku belum pernah dengar soal itu sebelumnya.

- ➤ I'm sorry I was not hearing.
- = Maaf, tadi aku nggak dengar.
- = Maaf, nggak kedengaran.

HEART

- ➤ Don't take it to your heart.

= Jangan dimasukkan ke hati.

HEDGE

- *The hedge is lining the walk.*
= Kedua sisi jalannya dibatasi oleh pagar tanaman.

HELP

- *I can't help wondering why they broke up.*
= Aku nggak habis pikir kenapa mereka putus.

- *It should help.*
= Mudah-mudahan ini bermanfaat.

- *We need more help.*
= Kita perlu pembantu lagi.

- *That would be a big help.*
= Itu akan sangat membantu.

- *I wish you would help me.*
= Mestinya kamu bantuin aku dong.

- *I can't help it.*
= Aku nggak bisa berbuat apa-apa lagi.

- *I can't help, but leave.*
= Mau nggak mau aku harus pergi.

- *I can't help, but say the truth.*
= Aku terpaksa harus mengatakan yang sebenarnya.

- ➤ *I can't help, but say what I'm going through.*
- = Aku terpaksa harus mengatakan apa yang lagi aku alami sekarang.

- ➤ *I couldn't help laughing.*
- = Aku nggak bisa menahan ketawa.

HERITAGE

- ➤ *We have several heritages in the city.*
- = Di kota kami ada beberapa peninggalan sejarah.

HIGH

- ➤ *About this high.*
- = Setinggi ini.

HOLD

- ➤ *Hold on tight.*
- = Pegangan erat-erat.

- ➤ *Hold on to me.*
- = Pegangan sama aku.

- ➤ *Hold on.*
- = Tahan dulu.

- ➤ *Hold it!*
- = Tunggu dulu!

- ➤ *I can't hold on much longer.*

= Aku nggak bisa bertahan lebih lama lagi.

HOPEFULLY

➢ *Hopefully yes.*
= Mudah-mudahan saja.

HURRY

➢ *I'm in a hurry.*
= Aku lagi terburu-buru.

➢ *I'm not really in a hurry.*
= Aku nggak terburu-buru sekali.

➢ *What's the hurry?*
= Kenapa terburu-buru?

➢ *There's no need to hurry..*
= Nggak usah terburu-buru.

HURT

➢ *Does it hurt?*
= Sakit nggak?

➢ *What does it hurt?*
= Apanya yang sakit?

➢ *Where does it hurt?*
= Sebelah mana yang sakitnya?

- ➤ *It hurts me so bad.*
- = Perasaanku benar-benar terluka.

- ➤ *I didn't mean to hurt you.*
- = Aku nggak bermaksud mau menyakitimu.

- ➤ *Though it's hurting me.*
- = Meskipun ini menyakitkanku.

- ➤ *I'm sorry, but I didn't mean to hurt you.*
- = Maaf, Aku nggak bermaksud menyakitimu.

- ➤ *It hurts me when we're apart.*
- = Terasa sakit kalau kita berpisah.

I

IDEA

- ➤ *I have no idea.*
- = Aku nggak tahu.

- ➤ *I had no such an idea.*
- = Aku sampai nggak kepikiran begitu.

- ➤ *I have no idea of betraying you.*
- = Aku nggak punya pikiran mau menghianati kamu.

- ➤ *I have no idea of getting married soon.*
- = Aku nggak mikir-mikir mau cepat-cepat nikah.

IN

- ➤ *Is she in?* (***she*** untuk wanita)
- ➤ *Is he in?* (***he*** untuk pria)
- = Dia ada nggak?
- = Apakah dia lagi ada di tempat?

- ➤ *She's in.* (***she*** untuk wanita)
- ➤ *He's in.* (***he*** untuk pria)
- = Dia lagi ada di tempat.

- ➤ *She's not in.* (***she*** untuk wanita)
- ➤ *He's not in.* (***he*** untuk pria)

= Dia lagi nggak ada.

> *I'm in.*
= Aku ikutan.

INELASTIC

> *The skin is inelastic.*
= Kulitnya kaku.

INFECTED

> *She's infected.* (***she*** untuk wanita)
> *He's infected.* (***he*** untuk pria)
= Dia terpengaruh.
= Dia ketularan.

INNOCENT

> *She's innocent.* (***she*** untuk wanita)
> *He's innocent.* (***he*** untuk pria)
= Dia nggak berdosa.

> *That kid is innocent.*
= Anak itu nggak berdosa.

INSECURE

> *I feel insecure.*
= Aku merasa nggak tenteram.

INSIDE

- *You're wearing your socks inside out.*
= Kamu pakai kaos kaki terbalik.

INSTEAD

- *Instead of nothing.*
= Daripada nggak ada apa-apa.

IT

- *That's it.*
= Ya, gitulah.
= Cuma gitu aja koq.
= Benar begitu.

- *That's it? How?*
= Begitu gimana?

J

JERK

- ➢ He's a jerk. (*he* untuk pria)
- = Dia menyebalkan.

JOB

- ➢ Job seekers.
- = Para pencari kerja.

- ➢ I'm afraid you'll find yourself looking for a job.
- = Aku takut ntar kamu dikeluarin dari pekerjaan.

- ➢ She would find herself looking for a job.
- ➢ He would find himself looking for a job.
- = Kemungkinan dia bakal dikeluarin dari pekerjaannya.

- ➢ I'm thinking about looking for a new job.
- = Aku lagi mikir-mikir mau pindah kerja.

JOKE

- ➢ No joke!
- = Emang benar!

JUDGE

- *Never judge people until you've walked in their shoes.*
= Jangan suka menghakimi orang lain sebelum kamu mengalaminya sendiri.

K

KEEP

- *Keep going.*
- = Jangan berhenti.
- = Terus maju.

- *Keep away from me!*
- = Jauhi aku!

- *What keeps you from leaving?*
- = Kenapa belum berangkat?

- *What kept you from leaving?*
- = Kenapa nggak jadi berangkat?

- *Keep out!*
- = Jangan dekat-dekat.

- *Keep an eye on her.* (***her*** untuk wanita)
- *Keep an eye on him.* (***him*** untuk pria)
- = Awasi terus dia.

KIDDING

- *You've gotta be kidding.*
- = Ah, kamu! Yang benar saja dong!
- = Ah, yang benar saja kalau ngomong.

> *I was just kidding.*
= Aku cuma bercanda.

> *No kidding.*
= Emang benar sih.

> *You're kidding me!*
= Kamu mainin aku, ya?

KNOW

> *You think you know it all?*
= Ah, kamu berlagak tahu saja!
= Kamu pikir kamu serba tahu?

> *Do you know anything about architecture?*
= Kamu tahu nggak soal arsitektur?

> *Before you know it.*
= Tahu-tahu ….
= Tanpa kamu sadari.

> *The next thing I knew, ….*
= Tahu-tahu ….

> *He's a know-nothing fellow.*
= Dia orang yang nggak tahu apa-apa.

> *She thinks she knows it all.* (*she* untuk wanita)
= Dia orang yang sok tahu.
= Pikirnya dia orang yang serba tahu.

- ➤ *Anyone knows?*
- = Ada yang tahu?

- ➤ *No one knows.*
- = Nggak ada yang tahu.

- ➤ *Who knows?*
- = Siapa tahu?

- ➤ *I wouldn't know.*
- = Nggak tahulah.

- ➤ *Not that I know of.*
- = Nggak tahu, ya.

- ➤ *Her wok knows no limits.* (**her** untuk wanita)
- ➤ *His work knows no limits.* (**his** untuk pria)
- = Kalau kerja dia nggak kenal batas.

- ➤ *This disease knows no ages.*
- = Penyakit ini nggak kenal usia.

- ➤ *His spirit knows no limits.*
- = Semangatnya nggak kenal batas.

- ➤ *I got to know her three months ago.*
- = Aku kenalan sama dia tiga bulan lalu.

- ➤ *Do I know you?*
- = Emang kita pernah kenal?

- ➤ *You don't know any better.*
- = Kepintaranmu cuma segitu saja.

- ➤ *Have you ever known me to lie?*
- = Pernahkah kamu nemuin aku bohong?

- ➤ *Have you ever known me to fool you?*
- = Emang kamu pernah nemuin aku ngibulin kamu?

- ➤ *I don't know anyone there.*
- = Di sana aku nggak ada yang kenal.

- ➤ *I know her just like the back of my hand.*
  (**her** untuk dia)
- ➤ *I know him just like the back of my hand.*
  (**him** untuk dia)
- = Aku kenal betul siapa dia.

- ➤ *I know it for a fact.*
- = Aku tahu persis soal itu.

- ➤ *I know nothing about it.*
- = Aku nggak tahu apa-apa soal itu.

- ➤ *You know me nothing.*
- = Kamu nggak tahu siapa aku.

L

LARGE

- *She's still at large.* (***she*** untuk wanita)
- *He's still at large.* (***he*** untuk pria)
= Dia masih buron.

- *The convict is at large.*
= Tahanan itu kabur.

- *Ambassador at large.*
= Duta besar keliling.

LATE

- *It's too late.*
= Sudah terlanjur.

- *No later than March 25.*
= Paling lambat tanggal 25 Maret.

- *Sooner or later ….*
= Ntar juga ….
= Nanti juga ….
= Lambat laun juga ….

- *Sooner or later they'll come to us.*
= Ntar juga mereka bakal datang ke kita.

- *I haven't seen her lately.* (***her*** untuk wanita)

- ➢ *I haven't seen him lately.* (**him** untuk pria)
- = Akhir-akhir ini aku nggak ketemu dia.

- ➢ *Better late than never.*
- = Lebih baik terlambat daripada nggak sama sekali.

- ➢ *Later.*
- = Nanti.
- = Ntar.

- ➢ *Maybe later.*
- = Mungkin nanti.
- ➢ *Later on.*
- = Kemudian hari.

LAUGH

- ➢ *This is not a laughing matter.*
- = Ini bukan bahan tertawaan.

- ➢ *I couldn't help laughing.*
- = Aku jadi nggak bisa nahan ketawa.

LEAK

- ➢ *There's a leak on it.*
- = Ada yang bocor.

- ➢ *There's a leak on the pipe.*
- = Pipanya ada yang bocor.

- ➢ *There's a leak on the roof.*
- = Atapnya ada yang bocor.

LEARN

- ➤ *I have learned my lesson.*
- = Saya sudah kapok.

- ➤ *She never learns her lesson.*
  (*she*, *her* untuk wanita)
- ➤ *He never learns his lesson.* (*he*, *his* untuk pria)
- = Dia tidak pernah kapok.

- ➤ *She's a quick learner.* (*she* untuk wanita)
- ➤ *He's a quick learner.* (*he* untuk pria)
- = Dia orangnya cepat ngerti.

LEAST

- ➤ *At least she's your mom.*
- = Gitu-gitu juga dia ibumu.

- ➤ *At least he's your dad.*
- = Gitu-gitu juga dia ayahmu.

LEAVE

- ➤ *I'm just about to leave.*
- = Ini juga aku mau berangkat.

- ➤ *We're just about to leave.*
- = Ini juga kami mau berangkat.

- ➤ *I was just about to leave.*
- = Pas aku mau berangkat.

= Pas aku mau pulang.

➢ *We were just about to leave.*
= Pas kami mau berangkat.
➢ *Are you leaving?*
= Kamu mau berangkat?

➢ *I'm leaving.*
= Aku berangkat.

➢ *Leave me alone.*
= Biarkan aku sendiri.

➢ *Leave us alone.*
= Biarkan kami berdua disini.

➢ *I leave it to you.*
= Aku serahkan masalah ini sama kamu.

➢ *Just leave it to me.*
= Soal ini serahkan saja sama aku.

➢ *How much left?*
➢ *How many left?*
= Berapa sisanya?

➢ *Any left?*
= Ada sisa?

➢ *Nothing's left.*
= Nggak ada sisa.

> *Five dollars left.*
= Sisa lima dolar.

LESS

> *I slept less.*
= Aku kurang tidur.

> *Less than sixty dollars.*
= Kurang dari enam puluh dolar.

LESSON

> *Let this be the lesson to me.*
= Biarlah ini jadi pelajaran buat aku.

> *She never learns her lesson.* (**she**, **her** untuk wanita)
> *He never learns his lesson.* (**he**, **his** untuk pria)
= Dia nggak pernah kapok.

> *I've learned my lesson.*
= Aku sudah kapok.

LICENSE

> *I need to have my driver's license renewed.*
= SIM-ku habis.
= Aku perlu memperpanjang SIM-ku.
> *The car doesn't have license plates on it.*
= Mobil itu nggak ada plat nomor polisinya.

LIFE

- ➤ I learned what life's about by loving you.
- = Aku belajar arti hidup dengan mencintaimu.

LIGHT

- ➤ Need more light?
- = Perlu lebih terang?
- = Kurang terang lampunya?

- ➤ I need more light.
- = Kurang terang lampunya.
- = Tolong nyalain lampunya.

- ➤ The red light on the printer is blinking again.
- = Lampu merah di printernya mulai kedip-kedip lagi.

- ➤ The light's on and off.
- = Lampunya nyala padam-nyala padam terus.

- ➤ It's annoying how the light keeps flickering.
- = Kesal sekali lampunya kerlap kerlip terus.

- ➤ Fluorescent lights have a tendency to do that.
- = Biasa sih lampu pijar tuh suka kayak gitu.
- ➤ You would need to have the light switch replaced.
- = Saklar lampunya perlu kamu ganti.

- ➤ Do you need more light?
- = Kurang terang lampunya?
- = Lampunya perlu dinyalain nggak?

LIKE

> *What is it you like?*
= Emang apa yang kamu suka?

LIKEWISE

> *Likewise.*
= Sama-sama. (maksudnya: Terima kasih kembali)

LINE

> *She's on line.* (***she*** untuk wanita)
> *He's on line.* (***he*** untuk pria)
= Dia lagi nelepon.

LISTEN

> *Now, listen.*
= Sekarang begini saja.

LIVE

> *Where in States do you live?*
= Di Amerikanya kamu tinggal di mana?

> *Where in States did you live?*
= Waktu di Amerika kamu tinggal di mana?

LONG

> *As long as you like,*
= Asal kamu suka saja.

> As long as you're here.
= Selama kamu ada di sini.

> Will this take very long?
= Ini bakal lama nggak?

> How long would that take?
= Kira-kira itu akan makan waktu berapa lama?

> It's been a long time since I saw her.
> It's been a long time since I saw him.
= Sudah lama aku nggak ketemu dia.

> It won't belong before she'll be getting married.
> It won't be long before he'll be getting married.
= Nggak lama lagi dia akan menikah.
> How long will you be gone?
= Kamu mau pergi berapa lama?

LOOK

> Looks brandnew.
= Kelihatan seperti baru.

> Now, look.
= Sekarang, begini saja.

> Look at this.
= Lihat ini.

> Let me take a look.
= Biar aku lihat.

- ➤ *Here, take a look.*
- = Ini, coba lihat.

- ➤ *Looks that way.*
- = Kayaknya sih begitu.

- ➤ *Looks easy.*
- = Kayaknya mudah.

- ➤ *That looks like a pretty bad cut.*
- = Kayaknya lukanya parah juga.

- ➤ *She looks older than she should.*
- ➤ *He looks older than he should.*
- = Dia kelihatan lebih tua dari usia sebenarnya.

- ➤ *You look much younger than you should.*
- = Kamu kelihatan jauh lebih muda dari usia kamu sebenarnya.

- ➤ *You always look at the dark side of everything.*
- = Kamu melihat segala sesuatu itu selalu dari sisi gelapnya saja.

- ➤ *I just look over this.*
- = Aku cuma lihat-lihat ini saja.

- ➤ *Looks like it.*
- = Kayaknya benar yang itu.

- ➤ *The doctor will look into your cut.*
- = Dokter akan memeriksa lukamu.

- ➢ *Look out!*
- = Awas!

LOOSEN

- ➢ *It loosens.*
- = Mau lepas.
- = Kurang kencang.

LOSE

- ➢ *Nothing to lose.*
- = Nggak ada ruginya.

- ➢ *There's nothing to lose.*
- = Nggak ada ruginya.

- ➢ *You have nothing to lose.*
- = Bagi kamu sih nggak ada ruginya.

- ➢ *Nothing lose, nothing gain.*
- = Segala sesuatu itu harus ada pengorbanannya.

- ➢ *I'm losing you.*
- = Aku merasa kehilangan kamu.

- ➢ *I'm lost.*
- = Aku tersesat.

- ➢ *She got lost.* (**she** untuk wanita)
- ➢ *He got lost.* (**he** untuk pria)
- = Dia tersesat di jalan.

➤ I lost my way.
= Aku tersesat.

➤ I lost my words.
= Lupa lagi, tadi aku mau ngomong apa, ya.

LOVE

➤ I'd love to go with you, but I'm not finished with my work.
= Aku mau ikut kamu, tapi kerjaanku belum selesai.

➤ I'd love to, but ….
= Aku mau sih, tapi ….
= Mau sih mau, tapi ….

➤ Love changes everything.
= Cinta mengubah segalanya.

LUCK

➤ Good luck.
= Selamat.

➤ I wish you luck.
= Semoga berhasil.

➤ Wish me luck.
= Doakan semoga aku berhasil.

➤ Any luck.
= Berhasil nggak?

➤ Lucky you!

=   Beruntung kamu!

M

MAD

- ➤ *I just did that, still you're mad.*
- = Aku cuma gitu aja koq, kamu masih marah sih.

- ➤ *She's getting mad.* (**she** untuk wanita)
- ➤ *He's getting mad.* (**he** untuk pria)
- = Dia jadi marah-marah.

- ➤ *She's mad at me.* (**she** untuk wanita)
- ➤ *He's mad at me.* (**he** untuk pria)
- = Dia lagi marah-marah sama aku.
- = Dia lagi ngambek sama aku.

MAKE

- ➤ *You made it!*
- = Kamu berhasil!

- ➤ *I hope you can make it.*
- = Mudah-mudahan kamu bisa.

- ➤ *I'm afraid I can't make it.*
- = Taku nggak bisa kekejar waktunya.

- ➤ *Let's see if we can make it.*
- = Kita lihat saja apakah kita bisa berhasil atau nggak.

MANY

- *How many?*
= Berapa banyak?

- *How many more?*
= Berapa banyak lagi?

MATTER

- *What's the matter?*
= Kenapa?

- *What's the matter with you? You don't look too good.*
= Kamu kenapa? Kelihatannya koq kayak gitu.

- *Does it matter to you?*
= Apakah ini jadi masalah buat kamu?

- *It doesn't matter.*
= Nggak apa-apa.

- *Nothing should matter.*
= Nggak ada yang harus jadi masalah.
- *Nothing that matters to me.*
= Nggak ada yang jadi masalah buat aku.

- *It's a personal matter.*
= Ini masalah pribadi.

MEAL

- ➤ *I have three meals a day.*
- = Aku makan tiga kali sehari

- ➤ *Take this medicine after meals.*
- = Minum obat ini sesudah makan.

MEAN

- ➤ *Means nothing at all.*
- = Nggak ada artinya sama sekali.

- ➤ *Means a lot to me.*
- = Sangat berarti buat aku.

- ➤ *You don't know what it means to me.*
- = Kamu nggak tahu apa artinya ini buat aku.

- ➤ *She means a lot to me.* (**she** untuk wanita)
- ➤ *He means a lot to me.* (**he** untuk pria)
- = Dia sangat berarti buat aku.

- ➤ *Meanwhile, ….*
- = Sementara itu, ….

- ➤ *It means nothing to me.*
- = Ini nggak ada artinya buat aku.

- ➤ *What's that mean?*
- = Maksudnya gimana?

- ➤ *I've been meaning to get back with you.*
- = Sudah lama aku ingin telepon kamu.

➤ *I've been meaning to tell you this.*
= Sudah lama aku ingin ngasih tahu kamu soal ini.

➤ *I mean it.*
= Aku sungguh-sungguh.
= Aku nggak main-main.

➤ *You don't mean it.*
= Ah, kamu jangan main-main, dong.
= Ah, yang benar saja.

➤ *I mean you no harm.*
= Aku nggak bermaksud jahat sama kamu.
= Aku nggak bermaksud jelek sama kamu.

➤ *I didn't mean to hurt you.*
= Aku nggak bermaksud menyakitimu.
➤ *I didn't mean it as a putdown.*
= Aku nggak bermaksud menghina.

➤ *What do you mean by that?*
= Maksudmu itu apa?

MEDICATION

➤ *Being irritable is caused by too much medication.*
= Sikap mudah marah disebabkan karena terlalu banyak minum obat-obatan.

MEDICINE

➤ *I'm studying medicine.*

= Aku kuliah di fakultas kedokteran.

➤ *This medicine is sold all over the counter.*
= Obat ini bisa dibeli tanpa resep dokter.
= Obat ini dijual bebas.

➤ *Obat ini harus pakai resep dokter.*
= This medicine is on medical prescription only.

MEET

➤ *I have to get to a meeting at work.*
= Aku harus rapat di kantor.

MENTION

➤ *She mentioned loving you.* (**she** untuk wanita)
➤ *He mentioned loving you.* (**he** untuk pria)
= Dia bilang cinta sama kamu.

MESS

➤ *What a mess!*
= Wah, berantakan!

➤ *You messed things up!*
= Kamu mengacaukan semuanya.

MIND

➤ *Mind your own business.*
= Urus saja urusanmu sendiri.
= Jangan suka mencampuri urusan orang lain.
= Jangan suka usil sama urusan orang lain.

- *Mind your head!*
= Awas, kepala!

- *Mind your steps!*
= Awas, hati-hati jalannya.

- *You're always on my mind night and day.*
= Siang dan malam aku selalu ingat kamu.
- *Would you mind moving your car a bit forward?*
= Tolong majukan mobilmu sedikit.

- *My mind's blank.*
= Pikiranku lagi kosong.
= Aku lagi nggak bisa berpikir.

MINE

- *It's mine.*
= Ini milikku.
= Ini kepunyaanku.
= Itu milikku.
= Itu kepunyaanku.

MISS

- *Some are missing.*
= Ada beberapa yang hilang.
= Ada beberapa yang kurang.

- *Some data are missing.*
= Ada beberapa data yang kurang.

- ➢ *I missed meeting her.*
- = Aku nggak sempat nemuin dia.

- ➢ *I missed the meeting.*
- = Aku nggak sempat ikut rapat.
- ➢ *Don't miss it.*
- = Jangan lewatkan kesempatan ini.

MISTAKE

- ➢ *Anyone can make mistake.*
- = Siapapun bisa berbuat keliru.

- ➢ *I took it by mistake.*
- = Aku salah ambil

MISTAKEN

- ➢ *Unless I'm mistaken.*
- = Kalau aku nggak salah.

- ➢ *You're mistaken about it.*
- = kamu keliru soal itu.

MIX

- ➢ *I got mixed up.*
- = Aku jadi bingung.

MONEY

- ➢ *I have her asking me for money all the time.*
- ➢ *I have him asking me for money all the time.*

= Kesal sama dia minta uang terus sama aku.
➢ *I'd like to put my money into a savings account.*
= Aku ingin uangku ini ditabungin.

➢ *Money is no objection.*
= Uang nggak jadi masalah.

➢ *Money talks now.*
= Sekarang uang yang bicara.

➢ *Money could change the world.*
= Uang dapat mengubah dunia.

MORE

➢ *More?*
= Lagi?

➢ *Some more?*
= Tambah lagi?

➢ *Not anymore.*
= Nggak lagi.

➢ *They've hired three more workers.*
= Mereka mempekerjakan tiga orang pekerja lagi.

➢ *We go twenty more minutes.*
= Kita masih ada waktu dua puluh menit lagi.

MOVE

➢ *Would you mind moving your car a bit forward?*

= Tolong majukan sedikit mobilmu.

➤ *Would you mind moving your car a bit backward?*
= Tolong mundurkan sedikit mobilmu.

➤ *We're moving into our new house early next month.*
= Awal bulan depan kami akan pindah ke rumah baru kami.

➤ *Pack all your belongings. We're moving out.*
= Kemasi semua barangmu; kita pindah.

➤ *She's on the move.* (***she*** untuk wanita)
➤ *He's on the move.* (***he*** untuk pria)
= Dia jarang ada di tempat.
= Dia sering bepergian.

MUCH

➤ *How much?*
= Berapa?

➤ *How much more?*
= Berapa lagi?
➤ *That much?*
= Sebanyak itu?

➤ *Too much.*
= Kebanyakan.

➤ *I can't afford to pay that much.*
= Aku nggak sanggup bayar sebanyak itu.

> *I have so much I have to do.*
= Aku lagi banyak kerjaan.

MY

> *My!*
= Wah!
= Waduh!

> *Oh, my gosh.*
= Ya, ampun.

N

NAP

- ➤ I'm not used to taking a nap.
- = Aku nggak biasa tidur siang.

- ➤ She's taking a nap. (*she* untuk wanita)
- ➤ He's taking a nap. (*he* untuk pria)
- = Dia sedang tidur siang.

NECESSARY

- ➤ If necessary
- = Jika perlu.
- = Jika terpaksa.

NEGOTIATION

- ➤ It's under negotiation.
- = Hal itu masih sedang dirundingkan.

NEITHER

- ➤ Me, neither.
- = Aku juga nggak.

NEW

- ➤ Looks brand new.

= Kelihatan seperti baru.

NEXT

➢ *Next time.*
= Lain kali

NOISY

➢ *It's so noisy that I couldn't get my work done.*
= Tadi gaduh sekali sampai aku nggak bisa kerja.

NOSY

➢ *She's nosy.*
= Dia suka ingin tahu saja urusan orang lain.

NOTHING

➢ *Nothing lose, nothing gain.*
= Keberhasilan memerlukan pengorbanan.

➢ *Nothing special.*
= Nggak ada yang istimewa,
= Biasa-biasa saja.

➢ *It's nothing.*
= Ini nggak seberapa.
= Ini nggak ada apa-apanya.
= Inimah enteng.
= Inimah cetek.

➢ *Nothing!*
= Nggak, ah!

> *Instead of nothing.*
= Daripada nggak ada apa-apa.

NOTICE

> *I didn't notice you coming in.*
= Tadi aku nggak tahu waktu kamu masuk.

NOTION

> *Get rid of your silly notions!*
= Buang pikiaranmu yang ngeres itu!

NOW

> *Now and then.*
= Sekali-kali.

> *Not now.*
= Lain kali saja.
= Jangan sekarang.

> *By now.*
= Saat ini.

> *Right now.*
= Sekarang juga.

> *Now or never.*
= Sekarang atau nggak sama sekali.

➤ *From now on ...*
= Mulai dari sekarang ....

NUT

➤ *Nuts to you!*
= Dasar loe!

➤ *It's a hard nut to crack.*
= Ini masalah yang sulit diatasi.

O

OBVIOUS

- *Obviously!*
= Jelas dong!

- *You're obviously right.*
= Jelas kamu yang benar.

- *They're obviously wrong.*
= Jelas mereka salah.

OCCUR

- *It occurred to me that ….*
= Terlintas dalam pikiranku kalau ….

- *It never occurred to me.*
= Ini nggak pernah terlintas dalam pikiranku.

- *It didn't occur to me.*
= Aku nggak kepikiran gitu.
= Itu nggak terlintas dalam pikiranku.

OFF

- *She's off.* (**she** untuk wanita)
- *He's off.* (**he** untuk pria)
= Dia lagi libur kerja.

➤ I'll take some time off.
= Aku mau ngambil cuti.

➤ She'll take three days off. (*she* untuk wanita)
➤ He'll take three days off. (*he* untuk pria)
= Dia mau ngambil cuti tiga hari.

➤ It's a day off.
= Ini hari libur.

OFFENDED

➤ I was offfended with her remaks.
➤ I was offendewd with his remarks.
= Aku tersinggung oleh ucapannya.

OKAY

➤ It's okay.
= Nggak apa-apa.

➤ Will that be okay?
= Nggak apa-apa kalau gitu?

ON

➤ What's on television tonight?
= Ntar malam di televisi acaranya apa?

➤ She has nothing on. (*she* untuk wanita)
➤ He has nothing on. (*he* untuk pria)

= Dia nggak berpakaian sama sekali.

ONE

- *No one's here, but me.*
= Di sini nggak ada siapa-siapa selain aku.

- *No one can do it, but you.*
= Nggak ada yang bisa ngerjain ini selain kamu.

ONLY

- *She's my only sister.*
= Dia saudaraku satu-satunya.

- *He's my only brother.*
= Dia saudaraku satu-satunya.

- *She's my only child.* (**she** untuk wanita)
- *He's my only child.* (**he** untuk pria)
= Dia anakku satu-satunya.

- *I'm an only child.*
= Aku anak tunggal.

OPEN

- *Come on in; it's open.*
= Masuk saja, pintunya nggak dikunci.

ORDER

- ➢ It's out of order.
- = Lagi rusak; nggak bisa dipakai.

- ➢ In order for you not to get stressed out.
- = Supaya kamu nggak stres.

OTHER

- ➢ I have two others.
- = Aku punya dua lagi.

OUT

- ➢ I'm out.
- = Aku keluar.
- = Aku berhenti.

OVER

- ➢ The meeting is over.
- = Rapatnya sudah selesai.

- ➢ It's all over.
- = Semuanya sudah berakhir.

- ➢ It's not over yet.
- = Ini belum berakhir.

- ➢ I'll take it over.
- = Biar aku ambil alih.

- ➢ *She took it over.* (***she*** untuk wanita)
- ➢ *He took it over.* (***he*** untuk pria)
- = Dia yang mengambil alih.

- ➢ *I'm in over my head.*
- = Aku kewalahan.

- ➢ *She's in over her head.* (***she/her*** untuk wanita)
- ➢ *He's in over his head.* (***he/his*** untuk pria)
- = Dia kewalahan.

- ➢ *The meeting's over.*
- = Rapatnya sudah selesai.

P

PACK

- ➤ *I'll pack my clothes.*
- = Aku akan mengepak baju-bajuku.

PAPER

- ➤ *Is there anymore typing paper?*
- = Kertas tiknya masih ada nggak?

- ➤ *She got a walking paper.* (***she*** untuk wanita)
- ➤ *He got a walking paper.* (***he*** untuk pria)
- = Dia dipecat.

PARK

- ➤ *I couldn't find a parking space.*
- = Aku nggak kebagian tempat parkir.

- ➤ *Let's take a taxi, then we don't need to find a parking.*
- = Kita naik taksi sajalah, jadi nggak usah nyari-nyari tempat parkir.

- ➤ *He's a parking attendant.*
- = Dia tukang parkir.

PART

- ➤ *It's part of my work plan.*
- = Ini bagian dari rencana kerjaku.

- ➤ *It's your part.*
- = Ini bagianmu.

PATRONIZE

- ➤ *Don't patronize me.*
- = Jangan menganggapku anak kecil.

PEACE

- ➤ *A peace-keeping force.*
- = Pasukan pemelihara perdamaian.

- ➤ *A peace-loving people.*
- = Bangsa yang cinta damai.

- ➤ *A peace-loving country.*
- = Negara yang cinta damai.

PEAK

- ➤ *Traffic jam is at its peak by now.*
- = Saat ini kemacetan lalu lintas lagi puncak-puncaknya.

PERSONAL

- ➤ *It's personal.*
- = Ini bersifat pribadi.

➢ *It's a personal problem.*
= Ini masalah pribadi.

➢ *Please don't get so personal.*
= Tolong jangan menyinggung masalah pribadi.

PERSONALITY

➢ *She has an outstanding personality.*
= Dia punya kepribadian yang menarik.

PHONE

➢ *You're wanted on the phone.*
= Ada telepon buat kamu.

➢ *She's on line.* (**she** untuk wanita)
= Dia lagi nelepon.

➢ *He's on line.* (**he** untuk pria)
= Dia lagi nelepon.

PLANNING

➢ *It's under planning.*
= Hal itu lagi direncanakan.

PLAY

➢ *Don't play on my trust.*
= Jangan mempermainkan kepercayaanku.

- *She's playing hard to get.*
= Dia jual mahal.

- *Don't play hero.*
= Jangan sok pahlawan.

POINT

- *The point is ….*
= Intinya adalah ….

POWER

- *Power company.*
= Perusahaan listrik.

- *You have no willpower.*
= Kamu nggak punya kemauan keras.

PRACTICE

- *It's a common practice.*
= Itu sudah biasa.
= Itu hal yang sudah biasa.

- *It's a bad practice.*
= Itu kebiasaan jelek.

PREFER

- *Which one would you prefer?*
= Menurut kamu mending yang mana?

- *I would prefer this one?*
= Mendingan yang ini.

- *What time would you prefer to leave?*
= Kamu maunya berangkat jam berapa?

- *I'd prefer to stay.*
= Aku lebih suka tinggal saja di sini.

PREJUDICE

- *Never have any prejudice against me.*
= Jangan sekali-kali punya prasangka buruk sama aku.

PREPARED

- *I'm not prepared for this.*
= Aku nggak ada persiapan untuk ini.

- *I'm prepared now.*
= Sekarang aku siap.

- *Please be prepared.*
= Siap-siap saja.

PRESENCE

- *It explodes in the presence of fire.*
= Bahan ini bisa meledak kalau ada api.

PRESS

- *I need to have my shirt pressed.*
= Kemejaku perlu disetrika dulu nih.

PRICE

- *What's the ceiling price?*
= Berapa harga plafonnya?

- *What's the going price?*
= Berapa harga pasarannya?

- *What's the floor price?*
= Berapa harga terendahnya?

- *Prices are up.*
= Harga-harga pada naik.

PRIDE

- *It's my pride and joy.*
= Ini barang kesayanganku.

PRIVACY

- *I just need a little privacy.*
= Aku cuma perlu sedikit ketenangan.
= Sementara ini aku minta jangan diganggu.

PROBLEM

- *Any problem?*
= Ada masalah?
= Ada kesulitan?

- *Got a problem?*
= Ada masalah?

= Ada kesulitan?

➢ *What's your problem?*
= Apa masalahmu?

➢ *What seems to be your problem?*
= Emangnya apa masalahmu?

➢ *There seems to be some problem.*
= Sepertinya ada sedikit masalah.

➢ *My head's swimming with problems.*
= Aku lagi banyak pikiran.

➢ *No problem.*
= Nggak apa-apa,

PROMISE

➢ *Keep your promise.*
= Tepati janjimu.
➢ *Promises, promises.*
= Janji tinggal janji.

➢ *That's what I was promised.*
= Itu yang dijanjikan sama aku.

PROVIDER

➢ *They're goods and services providers.*
= Mereka penyedia barang dan jasa.

PURSUE

- *She's always pursuing money.* (***she*** untuk wanita)
- *He's always pursuing money.* (***he*** untuk pria)
= Yang dia buru selalu saja uang.

PUT

- *Put it in the bag.*
= Masukkan ke tas.

- *You should put up with hardship.*
= Kamu harus sabar menghadapi kesulitan.

- *I've put up with a lot so far.*
= Aku sudah banyak bersabar selama ini.

- *I'd like to put my money into a savings account.*
= Aku mau uangku ditabungin.

- *You're putting the cart before the horse.*
= Pemikiranmu kebalik.
= Kamu kebalik.

- *You're putting me on.*
= Kamu mainin aku, ya?

- *Put it down!*
= Simpan!
= Turunkan!

Q

QUIT

- *I quit.*
- = Aku berhenti.
- = Aku keluar.

QUIET

- *Be quiet!*
- = Diam!

- *She just kept quiet.* (**she** untuk wanita)
- *He just kept quiet.* (**he** untuk pria)
- = Dia cuma diam saja.

- *She's a quiet lady.*
- = Dia wanita pendiam.

- *It's quiet in here.*
- = Suasana tenang di dalam sini.

QUITE

- *Not quite.*
- = Nggak juga.

R

RAIN

- ➤ I was caught by the rain.
- = Aku kehujanan.

- ➤ It's been raining a week
- = Sudah seminggu hujan terus.

- ➤ Do you know when it's supposed to stop raining?
- = Kira-kira kapan hujannya berhenti, ya?

- ➤ This area is flooded when it rains hard.
- = Daerah ini suka banjir kalau hujan deras.

RAKE

- ➤ He's raking in the dough.
- = Dia mah enak ada di tempat basah.
- = Dia punya jabatan yang basah.

READY

- ➤ Get ready!
- = Ayo, siap-siap?

REALLY

- ➤ Really?

= Ah, masa?

> *Not really.*
= Nggak juga.

REASON

> *There's always going to be a reason.*
= Selalu saja akan ada alasan.

> *For some reasons, ….*
= Karena berbagai alasan, ….

> *You got no reason for not coming.*
= Jangan sampai kamu nggak datang, ya!

> *What's your reason for not coming?*
= Apa alasanmu sampai nggak datang?

> *There's no reason for not coming.*
= Nggak ada alasan untuk tidak datang.

> *Is there any reason why you should not help me?*
= Alasannya kenapa sampai kamu nggak mau nolong aku?

RECENT

> *Recently.*
= Akhir-akhir ini.
= Baru-baru ini.

REFER

> *I'm not referring to you.*

= Maksudku bukan sama kamu.

- *I'm referring to her.* (***her*** untuk wanita)
- *I'm referring to him.* (***him*** untuk pria)
= Maksudku sama dia.

- *I referred to her.* (***her*** untuk wanita)
- *I referred to him.* (***him*** untuk pria)
= Maksudku tadi sama dia.

- *Are you referring to me?*
= Maksud kamu sama aku?

- *Cleanlines refers to health.*
= Bersih itu sehat.

RELATIVE

- *She's my relative.* (***she*** untuk wanita)
- *He's my relative.* (***he*** untuk pria)
= Dia kerabatku.

- *They're my relatives.*
= Mereka kerabatku.

- *They're my distant relatives.*
= Mereka saudara jauh aku.

- *She's my distant relative.* (***she*** untuk wanita)
- *He's my distant relative.* (***he*** untuk pria)
= Dia saudara jauhku.

> *Do you have any relatives living in this part of town?*
= Ada saudara kamu yang tinggal di kota ini?

RELY

> *I can't rely on her.* (***her*** untuk wanita)
> *I can't rely on him.* (***him*** untuk pria)
= Aku nggak bisa ngandelin dia.

> *I can rely on them.*
= Aku bisa ngandelin mereka.

> *I rely on you.*
= Aku ngandelin kamu.

> *I have no one to rely on, but you.*
= Aku nggak bisa ngandelin orang lain kecuali sama kamu.

REMAIN

> *Remains.*
> *It remains.*
= Gitu-gitu aja.
= Nggak ada perubahan.
= Tetap saja nggak ada perubahan.

REMEMBER

> *I still remember his insulting me.*
= Aku masih ingat dia pernah menghinaku.

> *I remember meeting her a year ago.*

(*her* untuk wanita)
➢ *I remember meeting him a year ago.*
(*him* untuk pria)
= Aku ingat pernah ketemu dia setahun lalu.

➢ *Remember me to your dad.*
= Salam buat ayahmu.

➢ *Remember me to your mom.*
= Salam buat ibumu.

➢ *Remember me to your brother.*
➢ *Remember me to your sister.*
= Salam buat kakakmu.
= Salam buat adikmu.

REMIND

➢ *It reminds me of my brother.*
➢ *It reminds me of my sister.*
= Ini mengingatkan aku sama kakakku.
= Ini mengingatkan aku sama adikku.

➢ *It reminds me of my folks back home.*
= Aku jadi ingat keluarga.
= Aku jadi teringat sama orang-orang di rumah.
= Aku jadi teringat sama orang-orang di kampung halaman.

RENEW

➢ *I need to have my driver's license renewed.*
= SIM-ku habis.
= Aku harus memperpanjang SIM-ku.

➢ *I've got to have my ID renewed.*
= KTP-ku habis.
= Aku harus memperpanjang KTP-ku.

RENTAL

➢ *These all are rental chairs.*
= Ini semuanya kursi sewaan.

➢ *How much are the rentals in this part of town?*
= Berapa harga kontrakan di sini?

REPAIR

➢ *It's under repair.*
= Lagi diperbaiki.

RESOURCEFUL

➢ *He's a resourceful man.*
= Dia orang yang banyak akal.

RIDICULOUS

➢ *It's ridiculous.*
= Ini menggelikan!
= Ini konyol!

RIGHT

➤ *Are you all right?*
= Kamu nggak apa-apa?

➤ *You're obviously right.*
= Jelas kamu yang benar.

➤ *Right when I need it.* (bentuk **sekarang**)
➤ *Right when I needed it.* (bentuk **lampau**)
= Pas aku lagi ngebutuhin.

➤ *She's right next to me.* (**she** untuk wanita)
➤ *He's right next to me.* (**he** untuk pria)
= Dia pas ada di sebelahku.

➤ *Everything's gonna be all right.*
= Segalanya akan pulih kembali.

➤ *On your right.*
= Sebelah kananmu.

➤ *To your right hand.*
= Di sebelah kananmu.

➤ *Right there.*
= Tepat di sebelah sana.

RISK

➤ *I'll risk taking her anger.* (**her** untuk wanita)
➤ *I'll risk taking his anger.* (**his** untuk pria)
= Aku siap dimarahin dia.

➤ *You should risk getting loss when you do a business.*
= Kamu harus siap rugi kalau berbisnis.

➤ *Your system may be at risk.*
= Sistemmu mungkin dalam bahaya.

ROCK

➤ *I need a rocking chair.*
= Aku butuh kursi goyang.

ROOM

➤ *I room with Hans.*
= Aku sekamar bareng si Hans.

➤ *We share the room.*
= Kami tinggal sekamar.

➤ *Please make a room for me.*
= Tolong geser dedikit.
= Tolong beri aku tempat.

ROUND

➤ *We went to Boston round trip.*
= Kami ke LA pulang pergi.

RUN

➤ *She ran away from home.* (**she** untuk wanita)
➤ *He ran away from home.* (**he** untuk pria)

= Dia lari dari rumah.

➢ *The guy is on the run.*
= Orang itu sedang dalam pelarian.

➢ *Never run down your friend.*
= Jangan ngomongin teman.

➢ *I ran into some old friends.*
= Aku ketemu teman-teman lama.

➢ *Don't give me the runaround.*
= Kamu jangan memberikan alasan yang bukan-bukan.
➢ *That kid ran away from home.*
= Anak itu kabur dari rumah.

RUSH

➢ *Don't rush me.*
= Jangan memburu-buru aku.

➢ *I'm in a rush.*
= Aku lagi terburu-buru.

➢ *I'm rushed for time.*
= Aku diburu waktu.

➢ *I was in too much of rush.*
= Waktu itu aku terburu-buru sekali.

➢ *I'm not really in a rush.*
= Aku nggak terburu-buru sekali.

- ➢ *There's no need to rush.*
- = Nggak usah terburu-buru.

- ➢ *What's the rush?*
- = Kenapa terburu-buru?

- ➢ *I rushed back home.*
- = Tadi aku cepat-cepat pulang.

- ➢ *During rush hours.*
- = Selama jam-jam sibuk.

S

SAFE

- *Just to be on the safe side.*
= Cuma buat jaga-jaga.

SAME

- *Just stays the same.*
= Gitu-gitu aja.
= Nggak ada perubahan.
= Tetap saja nggak ada perubahan.

- *The same goes for your money.*
= Hal yang sama juga berlaku buat uangmu.

- *It's on the same time as the football game.*
= Waktu tayangnya bersamaan dengan waktu tayang pertandingan sepak bola.

- *Just the same.*
= Sama saja.
= Nggak ada bedanya.

SAY

- *Say hello to your sister for me.*
- *Say hello to your brother for me.*
= Salam buat kakakmu.
= Salam buat adikmu.

- ➢ *I have it on her say-so.* (***her*** untuk wanita)
- ➢ *I have it on his say-so.* (***his*** untuk pria)
- = Aku tahu karena dia bilang begitu.

- ➢ *What have you got to say for yourself this time?*
- = Apalagi alasanmu kali ini?

- ➢ *What do you say?*
- = Kira-kira gimana menurut kamu?

- ➢ *You don't say so.*
- = Jangan gitu dong, yang serius.
- = Ah, yang benar saja kalau ngomong!
- = Kamu nggak serius, ya?

- ➢ *You said it.*
- = Kamu benar.

- ➢ *I have no final say.*
- = Aku nggak berhak mutusin.

- ➢ *She has the final say.* (***she*** untuk wanita)
- ➢ *He has the final say.* (***he*** untuk pria)
- = Dia yang berhak mutusin.
- = Dia yang punya keputusan.

- ➢ *As you say.*
- = Terserah kamu.
- = Gimana kamu saja.

- ➢ *Whatever you say.*
- = Terserah kamu saja.

= Gimana kamu saja.

➢ *If you say so.*
= Terserah kamu sajalah.
= Gimana kamu sajalah.

SCARE

➢ *It makes me scared.*
= Ini membuat aku takut.

➢ *It makes me scared to death.*
= Aku jadi takut setengah mati.

➢ *It's really scaring me.*
= Ini benar-benar menakutkan aku.

➢ *It doesn't scare me.*
= Ini nggak membuat aku takut.

SCHOOL

➢ *You may find yourself looking for another school.*
= Bisa-bisa ntar kamu dikeluarin dari sekolah.

SCRAP

➢ *She got into a scrap with her next door neighbor.*
➢ *He got into a scrap with his next door neighbor.*
= Dia bertengkar sama tetangga sebelahnya.

➢ *Scrapheaps are everywhere.*

= Tumpukan sampah di mana-mana.

SCREW

- ➤ *You screwed it up.*
- = Kamu mengacaukan semua rencana.

SEARCH

- ➤ *Search him!*
- = Geledah dia!
- ➤ *Search me.*
- = Mana aku tahu.

SECRET

- ➤ *It's a public secret.*
- = Ini sudah menjadi rahasia umum.

SECRETARY

- ➤ *She's my confidential secretary.*
  (**she** untuk wanita)
- ➤ *He's my confidential secretary.*
  (**he** untuk pria)
- = Dia sekretaris pribadiku.

SEE

- ➤ *See for yourself.*
- = Periksa saja sendiri.

➢ *You see?*
= Sekarang kamu ngerti, kan?

➢ *It remains to be seen.*
= Ini masih perlu dibuktikan.

➢ *I'll see you in an hour.*
= Aku akan temui kamu sejam lagi.
➢ *Lemme see.*
= Biar aku periksa.
= Biar aku lihat.

➢ *I'll go see my doctor.*
= Aku mau ke dokter.

➢ *I'll take her to see a doctor.*
   (**her** untuk wanita)
➢ *I'll take him to see a doctor.*
   (**him** untuk pria)
= Aku mau bawa dia ke dokter.

➢ *I see.*
= Tahulah aku sekarang.
= Oh, ya.

➢ *Did you see my sister?* (**sister** untuk wanita)
➢ *Did you se my brother?* (**brother** untuk pria)
= Kamu lihat saudaraku nggak?
= Kamu ketemu saudaraku nggak?

➢ *I haven't seen her for a week.*
   (**her** untuk wanita)
➢ *I haven't seen him for a week.* (**him** untuk pria)

= Sudah seminggu aku nggak ketemu dia.

➢ *Go and see who's at the door.*
= Coba lihat siapa yang di datang.
➢ *I saw no one there.*
➢ *I didn't see anyone there.*
= Di sana aku nggak ketemu siapa-siapa.
= Aku nggak melihat siapa-siapa di sana.

➢ *We'll see.*
= Kita lihat saja nanti.
= Kita lihat saja perkembangannya.

➢ *Just wait and see.*
= Kita lihat saja nanti.
= Kita lihat saja perkembangannya nanti.

➢ *Let's see if we can make it.*
= Kita lihat saja apakah kita bisa berhasil atau nggak.

➢ *You'll see.*
= Nanti juga kamu akan tahu.
= Ntar juga kamu bakal tahu.

➢ *I don't see any point.*
= Aku pikir nggak ada gunanya.

➢ *See you later.*
= Sampai jumpa lagi.

➢ *See you around.*
= Sampai ketemu lagi nanti.
➢ *See ya.*

= Sampai ketemu lagi.

SEEM

- *The door seems to be locked.*
= Kayaknya pintunya dikunci.

- *There seems to be some problem.*
= Kayaknya ada sedikit masalah.

- *She seems more like a sister to me, really.* (**she** untuk wanita)
- *He seems more like a brother to me, really.* (**he** untuk pria)
= Buat aku dia sudah seperti saudara sendiri.

- *She seems to know you.* (**she** untuk wanita)
- *He seems to know you.* (**he** untuk pria)
= Kayaknya dia kenal kamu.

- *What seems easy to you, seems difficult to me.*
= Mudah buat kamu, buat aku sih belum tentu.

SENSE

- *Common sense.*
= Akal sehat.

- *It doesn't make sense.*
= Itu nggak wajar.
= Itu nggak masuk akal.

- *It makes sense.*

- = Itu wajar.
- = Itu masuk akal.

SETBACK

- ➤ Don't let this setback bother you too much.
- = Jangan biarkan kegagalan ini mengganggu pikiranmu terus.

SHAME

- ➤ That's a shame.
- = Sayang sekali.

- ➤ What a shame.
- = Sayang sekali.

- ➤ Shame on you.
- = Kamu memalukan sekali.

SHARE

- ➤ We share the room.
- = Kami tinggal sekamar.
- ➤ We'll share tomorrow together.
- = Kita akan jalani hari esok bersama-sama.

SHOCK

- ➤ I was really shocked.
- = Aku benar-benar kaget.

SHOP

- ➤ *I'll have to take my car to the shop.*
- = Mobilku harus dibawa ke bengkel.

- ➤ *My car was in the shop for three days.*
- = Mobilku tiga hari di bengkel.

- ➤ *My car is in the shop.*
- = Mobilku lagi di bengkel.

SHOWER

- ➤ *I'll take a shower.*
- = Aku mau mandi dulu.

- ➤ *Tell her I'm in the shower.* (**her** untuk wanita)
- ➤ *Tell him I'm in the shower.* (**him** untuk pria)
- = Bilangin aku lagi mandi.

SHUT

- ➤ *Shut up!*
- = Diam!

SIBLING

- ➤ *She's my sibling.* (**she** untuk wanita)
- ➤ *He's my sibling.* (**he** untuk pria)
- = Dia saudara kandungku.

- ➤ *They're my siblings.*

= Mereka saudara kandungku.

SIGHT

- *Keep out of sight.*
= Awas, jangan sampai kelihatan.

- *They're out of sight.*
= Mereka menghilang.

- *It's a sore sight.*
= Itu merusak pemandangan.

SIMILAR

- *Similarly, ….*
= Demikian pula halnya, ….

SIT

- *I'm just sitting around doing nothing.*
= Aku lagi duduk-duduk saja, nggak ada kerjaan.

SLICK

- *Slick when wet.*
= Licin waktu hujan.

SLOW

- *The service is slow.*
= Pelayanannya lamban.

SMART

- *You're not so smart as I thought you were.*
= Ternyata kamu nggak sepandai yang aku sangka.

- *The smartest person can, even, make a mistake.*
= Siapapun bisa berbuat khilaf.

SOLID

- *Solid waste.*
= Limbah padat.

- *The structure is solid.*
= Strukturnya kokoh.

SOME

- *I understand some Dutch.*
= Aku ngerti sedikit bahasa Belanda.

- *She understsands some English.*
  (*she* untuk wanita)
- *He understands some English.*
  (*he* untuk pria)
= Dia ngerti sedikit bahasa Inggris.

- *Some friend of mine lost her car.*
  (*her* untuk wanita)
- *Some friend of mine lost his car.*
  (*his* untuk pria)
= Temanku ada yang kehilangan mobilnya.

- ➤ Want some?
- = Mau?

- ➤ Give me some.
- = Aku minta sedikit.
- = Minta sedikit dong.

- ➤ Some are good.
- = Ada juga yang baik.

SOMEONE

- ➤ Someone wants to see you.
- = Ada yang ingin ketemu kamu.

- ➤ Someone's coming.
- = Ada yang datang.

- ➤ Someone was telling me.
- = Ada yang bilang sama aku.

- ➤ Someone told me.
- = Ada yang bilang sama aku.

SOMETHING

- ➤ Unless something comes up.
- = Kalau nggak ada halangan.
- = Kalau jadi.

- ➤ Something's bothering me.
- = Perasaanku nggak enak nih; ada apa ya?

- ➤ I have something to ask you.

= Ada sesuatu yang ingin aku tanyakan sama kamu.

➤ *Something is missing.*
= Ada yang hilang nih.
= Ada yang kurang nih.

SOMEWHERE

➤ *Somewhere around here.*
= Di sekitar sini tapi tepatnya nggak tahu di sebelah mana.

SOON

➤ *As soon as I get home ….* (untuk bentuk **future**)
= Begitu aku nyampe rumah ….

➤ *No sooner had I got home then ….* (untuk bentuk **past**)
= Begitu aku nyampe rumah ….

➤ *As soon as possible.*
➤ *ASAP*
= Secepatnya.

➤ *I'll get back to you as soon as possible.*
= Aku akan telepon kamu secepatnya.

➤ *The sooner, the better.*
= Lebih cepat, lebih baik.

➤ *Sooner or later ….*
= Nanti juga ….
= Ntar juga ….

= Lambat laun ....

SORROW

➢ *Don't let this sorrow bother you too much.*
= Jangan biarkan kesedihan ini mengganggu pikiranmu terus.

➢ *Speaking of the devil.*
= Lagi diomongin orangnya datang.

SORRY

➢ *I'm sorry for you.*
= Aku ikut prihatin sama kamu.

SPECIFIC

➢ *More specific, please.*
= Lebih jelasnya gimana?

SPEND

➢ *The sweetest days we've spent together.*
= Hari-hari terindah yang pernah kita lalui bersama.

SPUNK

➢ *He has a lot of spunk.*
= Dia beranian sekali.

STACK

> *Stack the chairs against the wall.*
= Tumpukan saja kursi-kursinya ke dinding.

> *The chairs are stacked against the wall.*
= Kursi-kursinya ditumpuk ke dinding.

STAND

> *I can't stand living with them.*
= Aku nggak tahan tinggal sama mereka.

> *I can't stand rooming with Geoff.*
= Aku nggak tahan sekamar bareng si Geoff.

> *I can't stand her anymore.* (***her*** untuk wanita)
> *I can't stand him anymore.* (***him*** untuk wanita)
= Aku nggak tahan lagi sama dia.

> *You're just standing by!*
= Kamu cuma berdiri berpangku tangan saja!

> *Stand back!*
= Mundur.

> *WHO stands for World Health Organization.*
= WHO singkatan dari Organisasi Kesehatan Dunia.

START

> *Who started it this time?*
= Kali ini siapa yang jadi gara-gara?
= Kali ini siapa yang memulainya?

- *Let's get started.*
= Ayo, kita mulai.

- *Let's start it over.*
= Ayo, kita mulai lagi dari awal.

STAY

- *You stay young.*
= Kamu awet muda.

- *Stay where you are!*
= Diam di situ!

- *Stay around!*
= Diam, jangan ke mana-mana!

- *Stay away!*
= Menyingkir!
= Sana menjauh!

- *Stay away from me!*
= Jauhi aku!
- *Stay back!*
= Mundur!

- *Stay cool, man.*
= Jangan emosi, dong!

STEP

- *She's my step mother.*
= Dia ibu tiriku.

- ➤ *He's my step father.*
- = Dia ayah tiriku.

- ➤ *She's my step sister.* (***sister*** untuk wanita)
- ➤ *He's my step brother.* (***brother*** untuk pria)
- = Dia saudara tiriku.

- ➤ *She just stepped in.* (***she*** untuk wanita)
- ➤ *He just stepped it.* (***he*** untuk pria)
- = Dia baru saja tiba.
- = Dia baru saja datang.
- = Dia baru saja masuk.

- ➤ *She just stepped out.* (***she*** untuk wanita)
- ➤ *He just stepped out.* (***he*** untuk pria)
- = Dia baru saja keluar.
- = Dia baru saja pergi.
- = Dia baru saja berangkat.
- ➤ *Step back!*
- = Mundur!

STICK

- ➤ *The door sticks a little.*
- = Pintunya sedikit macet.

- ➤ *It sticks a little.*
- = Sedikit macet.

- ➤ *She's sticking a fat hog.* (***she*** untuk wanita)
- ➤ *He's sticking a fat hog.* (***he*** untuk pria)
- = Dia lagi dapat rezeki nomplok.

STILL

- *Hold still.*
= Jangan goyang megangnya.

STING

- *It's stinging.*
= Rasanya perih.

STOCK

- *Not in stock.*
= Nggak ada persediaan.

STOMACH

- *I have a stomach upset.*
= Aku punya penyakit maag.

STOP

- *Stop him!*
= Cegah dia!
= Hentikan dia!

- *Stop it!*
= Hentikan!

STRANGER

- *I'm a stranger here.*

= Aku bukan orang sini.
= Aku bukan penduduk di sini.

➢ *That lady is a stranger to me.*
= Aku nggak kenal wanita itu.

➢ *That guy is a stranger to me.*
= Aku nggak kenal cowok itu.

➢ *She's a stranger here.* (**she** untuk wanita)
➢ *He's a stranger here.* (**he** untuk pria)
= Dia bukan orang sini.
➢ *They're strangers here.*
= Mereka bukan orang sini.
= Mereka bukan penduduk di sini.

STUFF

➢ *Would you look after my stuff while I'm away?*
= Tolong jagain barang-barangku, aku ke sana dulu sebentar.
= Tolong jagain barang-barangku selagi aku nggak ada.

➢ *I'll take all my stuff with me.*
= Semua barang-barangku akan aku bawa.

➢ *It's my stuff.*
= Ini barang milikku.

➢ *Did you take your stuff with you?*
= Barang-barangmu kamu bawa nggak?

SUBJECT

> Prices are subject to change.
= Harga sewaktu-waktu bisa berubah.

> Rivers are subject to contamination.
= Sungai mudah kena pencemaran.

> Air is subject to pollution.
= Udara mudah kena pencemaran.

SUBSTITUTE

> We need a substitute driver.
= Kami perlu supir pengganti.

SUCH

> In such a way.
= Sedemikian rupa.

> As such, ….
= Dengan demikian, ….

SUGAR

> Would you get me a cup of tea? Sugar in, please.
= Tolong ambilkan secangkir teh, Pakai gula, ya.

> Sugar in?
= Pakai gula?

> Add sugar to your taste.
= Tambahkan saja sendiri gula secukupnya.

SURE

- *Be sure to come.*
= Jangan lupa datang, ya!

- *For sure?*
= Yakin nih?

- *Make sure you come.*
= Pastikan kamu datang, ya!

SUSCEPTIBLE

- *I'm susceptible to colds.*
= Aku mudah masuk angin.

- *She's susceptible to flu.* (**she** untuk wanita)
- *He's susceptible to flu.* (**he** untuk pria)
= Dia mudah kena flu.

- *You're susceptible to flattery.*
= Kamu mudah kena bujukan.

SWITCH

- *These generators switch on automatically.*
= Pembangkit listrik ini bisa hidup secara otomatis.

T

TAKE

➢ *What do you take me for?*
= Kamu anggap apa aku ini?

➢ *What kind of a woman do you take me for?*
= Kamu anggap aku wanita apa?

➢ *What kind of a man do you take me for?*
= Kamu anggap aku laki-laki apa?

➢ *I'll take you there.*
= Aku akan antar kamu ke sana.

➢ *She'll take you home.* (**she** untuk wanita)
➢ *He'll take you home.* (**he** untuk pria)
= Dia akan mengantar kamu pulang.

➢ *Take me along.*
= Ajak aku, ya?

➢ *Take care.*
= Hati-hati.

➢ *No one takes care of the kids.*
= Nggak ada yang jagain anak-anak.
➢ *I'll take care of it.*
= Biar aku yang tangani soal ini.

- ➤ *I'll take care of her.* (**her** untuk wanita)
- ➤ *I'll take care of him.* (**him** untuk pria)
- = Biar aku yang urus dia.
- = Biar aku yang menghadapi dia.

TALK

- ➤ *She tallks big.* (**she** untuk wanita)
- ➤ *He talks big.* (**he** untuk pria)
- = Dia ngomongnya suka tinggi.

- ➤ *I wish she'd talk to me or something.*
- ➤ *I wish he'd talk to me or something.*
- = Mau aku sih dia itu ngomong sama aku atau gimanalah.

- ➤ *You're just talking off the top of your head!*
- = Kamu kalau ngomong seenaknya saja!
- = Enak saja kalau ngomong!

- ➤ *I don't know what you're talking about.*
- = Aku nggak tahu apa maksudmu.

- ➤ *What are you talking about?*
- = Ngomong apa kamu?

- ➤ *You know what I'm talking about.*
- = Kamu tahu apa maksudku.

TAPE

- ➤ *I got the tape.*
- = Aku punya rekamannya.

➢ Where's the tape?
= Mana rekamannya?

➢ Listen to the tape.
= Dengarkan rekamannya.

➢ Could you tape it for me?
= Bisa tolong rekamin buat aku nggak?

TASTE

➢ She has a good taste on clothes.
   (**she** untuk wanita)
➢ He has a good taste on clothes. (**he** untuk pria)
= Selera berpakaiannya bagus.

TELL

➢ I told you what!
= Aku bilang juga apa!

➢ I'll tell you what.
= Aku ada usul.

➢ Tell her to come in. (**her** untuk wanita)
➢ Tell him to come in. (**him** untuk pria)
= Suruh dia masuk

➢ I'm telling you the truth.
= Aku bicara sejujurnya sama kamu.

➢ I can always tell the sound of her car.

- ➤ I can always tell the sound of his car.
- = Aku hafal suara mobilnya.

- ➤ I can't tell the sound of her car.
  (*her* untuk wanita)
- ➤ I can't tell the sound of his car.
  (*his* untuk pria)
- = Aku nggak hafal suara mobilnya.

- ➤ Oh, don't tell me she's coming.
  (*she* untuk wanita)
- ➤ Oh, don't tell me he's coming.
  (*he* untuk pria)
- = Oh, jangan-jangan dia datang.

- ➤ That's what I was told.
- = Itu yang diberitahukan sama aku.

- ➤ You're telling me a lie.
- = Kamu lagi ngebohongin aku, ya.

TERRIBLE

- ➤ How terrible!
- = Wah, payah.

- ➤ She's terrible. (*she* untuk wanita)
- ➤ He's terrible. (*he* untuk pria)
- = Dia orangnya payah.

TEST

- ➤ A makeup test.

= Ujian susulan.

THAT

- *That's it.*
- = Ya, begitu.

THERE

- *I'm always there for you.*
- = Aku selalu ada setiap saat buatmu.

- *I'll be right there.*
- = Aku akan segera ke sana.
- *Right there.*
- = Tepat di sebelah sana.

- *Over there.*
- = Di sebelah sana.

THING

- *This is the last thing I can do.*
- = Ini jalan terakhir yang bisa aku lakukan.

- *They don't make things like they used to.*
- = Barang-barang sekarang nggak sekuat barang-barang dulu.

THINK

- *I don't think I can.*
- = Kayaknya aku nggak bisa.

- ➤ *I'm thinking of leaving the company.*
- = Aku lagi mikir-mikir mau keluar dari perusahaan itu.

- ➤ *I'm thinking about looking for a new job.*
- = Aku lagi mikir-mikir mau pindah kerja.

- ➤ *Little did I think.*
- = Aku sampai nggak kepikiran begitu.
- ➤ *I'll think it over.*
- = Akan aku pikir-pikir dulu.

- ➤ *I don't think so.*
- = Aku pikir nggak begitu.

- ➤ *I didn't think so.*
- = Tadinya aku nggak nyangka gitu.

- ➤ *I think so.*
- = Kupikir begitu.

- ➤ *I'll think it over.*
- = Akan aku pertimbangkan.
- = Aku pikir-pikir dulu.

- ➤ *Who do you think I am?*
- = Kamu pikir aku ini siapa?

- ➤ *Who do you think you are?*
- = Kamu pikir kamu ini siapa?

- ➤ *Little did I think!*
- = Sungguh aku nggak nyangka sedikitpun!

THREAT

- *Threat detected!*
= Ada bahaya!
- *You're threatening me?*
= Kamu ngancam aku, ya?

TICKET

- *I got a ticket.*
= Aku kena tilang.

- *I got another ticket.*
= Aku kena tilang lagi.

- *Did you get a ticket?*
= Kamu kena tilang?

- *Did you get another ticket?*
= Kamu kena tilang lagi?

TIME

- *What time will that be?*
= Mau diselenggarakan jam berapa?

- *For the time being.*
= Untuk sementara waktu.

- *In the meantime, ….*
= Sementara itu, ….

- ➢ It's a show time.
- = Saatnya bertindak.

- ➢ Any time.
- = Kapan saja.

- ➢ Any time of the day.
- = Jam berapa saja setiap hari.

- ➢ I have a hard time. (**have** bentuk sekarang)
- ➢ I had a hard time. (**had** untuk bentuk lampau)
- = Aku mengalami kesulitan.

- ➢ They gave me a hard time.
- = Mereka mempersulit aku.

TIRED

- ➢ I'm tired of working overtime.
- = Aku kelelahan habis kerja lembur.

- ➢ I'm tired of working long hours.
- = Aku kelelahan habis kerja berjam-jam.

TOGETHER

- ➢ As long as we've been together.
- = Selama kita masih terus bersama.

- ➢ Together we're strong.
- = Bersama kita kuat.

TOMORROW

- *Tomorrow is another day.*
= Masih ada hari esok.

TOO

- *Me, too.*
= Aku juga.

TOUR

- *I need a tour guide.*
= Aku perlu seorang pemandu wisata.

- *I'll take a packaged tour.*
= Aku mau ambil paket wisata.

- *This tour guide is bilingual. She speaks both English and Indonesian.*
- *This tour guide is bilingual. He speaks both English and Indonesian.*
= Pemandu wisata ini mengerti dua bahasa. Dia bicara bahasa Inggris dan Indonesia.

- *Do you have a tour guide who understands English?*
= Di sini menyediakan pemandu wisata yanng mengerti bahasa Inggris?

TOURIST

- *A tourist destination area.*

= Daerah tujuan wisata.

➤ A tourist attraction.
= Sebuah obyek wisata.

➤ We have visited many tourist attractions in this part of the country.
= Kami sudah mengunjungi banyak obyek wisata di negeri ini.

➤ Do you have any tourist resorts in this part of town?
= Ada tempat wisata di kota ini nggak?

➤ Our town has become a tourist destination area.
= Kota kami sudah menjadi salah satu daerah tujuan wisata.

➤ Could you show me where the Tourist Information Center is?
= Bisa menunjukkan di mana Pusat Informasi Turis?

➤ Let's check with the Tourist Information Center.
= Kita tanyakan saja ke Pusat Informasi Turis.

➤ We have many foreign tourists coming to our town.
= Banyak wisatawan asing yang datang ke kota kami.

➤ Most of them are domestic tourists.
= Kebanyakan mereka adalah wisatawan dalam negeri.

TRANSFER

- ➤ She was transferred to the head office.
- ➤ He was transferred to the head office.
- = Dia dimutasikan ke kantor pusat.

TREATMENT

- ➤ I don't do any special treatment to anyone.
- = Aku nggak ngebeda-bedain siapapun.

TRIP

- ➤ We went to Boston round trip.
- = Kami ke Boston pulang pergi.

TROUBLE

- ➤ Don't ask for trouble.
- = Kamu jangan cari gara-gara.
- = Kamu jangan cari masalah.

- ➤ Asking for trouble, eh?
- = Mau cari gara-gara, ya?

- ➤ She's always asking for trouble.
  (*she* untuk wanita)
- ➤ He's always asking for trouble.
  (*he* untuk pria)
- = Dia selalu cari masalah.

➢ They're always asking for trouble.
= Mereka selalu cari masalah saja.
= Mereka selalu cari gara-gara saja.

➢ You're asking me for trouble!
= Kamu cari masalah sama aku!

TRUTH

➢ Tell me the truth.
= Bicara yang jujur.

➢ Come on, tell me the truth.
= Ayo dong bilang yang sebenarnya.

TRY

➢ I'll try.
= Akan aku usahakan.
= Akan aku coba.

➢ It's a nice try.
= Usaha yang bagus, meskipun nggak berhasil.

TURN

➢ They make a U-turn.
= Mereka berbalik arah.

➢ It's your turn.

= Sekarang giliranmu.

➢ *Whose turn now?*
= Giliran siapa sekarang?

➢ *Turn around, will ya?*
= Balikkan badanmu!

➢ *It turned out ….*
= Ternyata ….

➢ *That guy just turns me off.*
= Aku nggak suka sama cowok itu.

➢ *This work just turns me off.*
= Aku nggak suka kerjaan ini.

U

UNCERTAINLY

- ➢ *Uncertainly.*
- = Nggak tentu.

UNCHANGED

- ➢ *Nothing goes unchanged.*
- = Nggak ada yang abadi.

UNDER

- ➢ *The bridge is under construction.*
- = Jembatannya lagi dibangun.
- ➢ *The campaign is under way.*
- = Kampanyenya lagi berlangsung

- ➢ *The matter is under discussion.*
- = Masalah tersebut lagi dibahas.

- ➢ *Their offer is under negotiation.*
- = Tawaran mereka lagi dirundingkan.

- ➢ *Your application is still under consideration.*
- = Permohonanmu masih lagi dipertimbangkan.

- ➢ *That broken washing machine is under repair.*
- = Mesin cuci yang rusak itu sedang diperbaiki.

- ➢ It's under planning.
- = Lagi direncanakan.

UNEXPECTED

- ➢ I had an unexpected guest.
- = Tadi aku ada tamu mendadak.

- ➢ They came unexpectedly.
- = Mereka datang secara mendadak.

UNFAMILIAR

- ➢ This place is unfamiliar to me.
- = Tempat ini asing buat aku.

- ➢ The situation is unfamiliar to me.
- = Situasinya asing buat aku.

- ➢ The guy is unfamiliar to me
- = Aku nggak kenal cowok itu.

- ➢ Those guys look unfamiliar to me.
- = Cowok-cowok itu sepertinya nggak aku kenal.
- = Kayaknya aku nggak kenal cowok-cowok itu.

UNION

- ➢ Credit Union

- = Koperasi Simpan Pinjam.
- = Usaha Simpan Pinjam.

UNLESS

- ➢ *Unless something comes up.*
- = Kalau nggak ada halangan.
- = Kalau jadi.

- ➢ *Unless I'm mistaken.*
- = Kalau aku nggak salah.

UNPACK

- ➢ *Unpack the suitcase.*
- = Keluarkan semua barang dari kopor itu.
- = Kosongkan kopornya.

UNTIL

- ➢ *She won't be back until five.* (***she*** untuk wanita)
- ➢ *He won't be back until five.* (***he*** untuk pria)
- = Dia baru akan kembali jam lima.

- ➢ *I won't be back until I'm finished.*
- = Aku baru mau pulang kalau aku sudah selesai.

UP

- ➢ *What's up?*
- = Ada apa?
- = Mau apa?

- ➢ *I'll up your bonus.*

= Aku akan naikkan bonusmu.

➢ *Prices are up again.*
= Harga-harga naik lagi.

➢ *I've been up all night finishing my assignment.*
= Aku nggak tidur semalaman nyelesaiin tugasku.
➢ *She's up front.* (***she*** untuk wanita)
➢ *He's up front.* (***he*** untuk pria)
= Dia ada di paling depan.

➢ *My blood pressure is up.*
= Tekanan darahku naik.

➢ *It's all up with her.* (***her*** untuk wanita)
➢ *It's all up with him.* (***him*** untuk pria)
= Selesai sudah urusan sama dia.

➢ *It's all up with them.*
= Selesai sudah urusan sama mereka.

➢ *It's all up with you.*
= Aku sudah nggak ada urusan lagi sama kamu.

➢ *Still up?*
= Masih belum tidur?

➢ *I've been up all night.*
= Semalaman aku nggak tidur.

UPSET

➢ *I'm upset.*

- = Aku lagi jengkel.
- = Aku lagi kesal hati.
- = Aku lagi pusing.
- ➤ *You upset me.*
- = Kamu menjengkelkan aku.
- = Kamu bikin aku jengkel.

USE

- ➤ *They're using you.*
- = Mereka memanfaatkanmu.

- ➤ *I'm used to taking her anger.* (**her** untuk wanita)
- ➤ *I'm used to taking his anger.* (**his** untuk pria)
- = Aku sudah terbiasa dimarahin dia.

- ➤ *I'm used to working hard.*
- = Aku sudah terbiasa bekerja keras.

W

WAIT

- ➢ I can't wait.
- = Aku sudah nggak sabar.

- ➢ I have time to wait.
- = Aku nggak keburu-buru.
- = Aku bisa menunggu.

- ➢ We can't wait all day.
- = Kita nggak bisa nunggu seharian.

- ➢ Waiting is nasty.
- = Menunggu itu pekerjaan yang membosankan.

WALK

- ➢ It isn't too far to walk.
- = Jalan kaki juga nggak terlalu jauh.

- ➢ I walk out.
- = Aku mundur.
- = Aku keluar.

- ➢ I walk away.
- = Aku keluar.

- ➢ She walked out on me. (**she** untuk wanita)

- *He walked out on me.* (**he** untuk pria)
- = Dia pergi sambil marah.
- = Dia meninggalkan aku dengan rasa marah.

WANT

- *Dad wants you.*
- = Kamu dipanggil ayah.

- *Boss wants you.*
- = Kamu dipanggil Bos.

- *What is it you want?*
- = Emang kamu pengen apa sih?

WASTE

- *Solid waste.*
- = Limbah padat.

- *Waste water.*
- = Limbah cair.

- *Domesstic waste.*
- = Limbah rumah tangga.

- *Industrial waste.*
- = Limbah industri.

- *You're just wasting your time.*
- = Kamu cuma menyia-nyiakan waktumu saja.

WATCH

- ➢ *Watch your back.*
- = Jangan lengah.

- ➢ *Watch her.* (***her*** untuk wanita)
- ➢ *Watch him.* (***him*** untuk pria)
- = Awasi dia.

- ➢ *Watch them.*
- = Awasi mereka.

- ➢ *Watch your steps.*
- = Hati-hati jalannya.

- ➢ *Watch your language.*
- = Hati-hati kalau bicara.
- = Sopan kalau bicara.

- ➢ *Watch your manner.*
- = Sopan dong.
- = Jaga kesopananmu.

WATER

- ➢ *Tap water.*
- = Air ledeng.

- ➢ *Waste water.*
- = Air limbah.

- ➢ *Clean water treatment plant.*

= Instalasi pengolahan air bersih.

➢ *Waste water treatment plant.*
= Instalasi pengolahan air limbah.

WAY

➢ *In a way, you're right.*
= Kamu ada benarnya juga.

➢ *No way!*
= Nggak bisa!
= Enak saja!
= Nggak usah, ya!

➢ *I'm on the way.*
= Aku lagi di perjalanan.

➢ *I'm on my way.*
= Aku ke sana sekarang juga.

➢ *She's on the way here.* (**she** untuk wanita)
➢ *He's on the way here.* (**he** untuk pria)
= Dia lagi di perjalanan mau ke sini.

➢ *I'm afraid I'll be in your way.*
= Takutnya aku akan jadi gangguan buat kamu.

➢ *I hope I won't be in your way.*
= Mudah-mudahan aku nggak jadi gangguan buat Kamu
➢ *Your car's getting in the way.*
= Mobilmu menghalangi jalan.

➢ *Make way, please.*
= Tolong beri jalan.

➢ *Please make way for her.* (**her** untuk wanita)
➢ *Please make way for him.* (**him** untuk pria)
= Tolong dia beri jalan.

➢ *I'm going your way.*
= Sama, aku juga mau ke arah sana

➢ *In such a way, ….*
= Sedemikian rupa ….

➢ *I lost my way.*
= Aku tersesat.

➢ *We can meet half way.*
= Kita bisa ambil jalan tengah.

➢ *Along the way.*
= Sepanjang perjalanan.

➢ *I'm with you all the way.*
= Aku setuju sekali sama kamu.

➢ *It's on my way.*
= Aku juga akan lewat sana.

WEATHER

➢ *What's the weather like today?*

= Gimana cuaca hari ini?

➤ I'm under the weather.
= Aku lagi kurang sehat.

WEEKEND

➤ Did you have a nice weekend?
= Gimana akhir pekanmu, menyenangkan?

WEIGH

➤ How much do you weigh?
= Berapa berat badanmu?

WEIGHT

➤ I need to lose my weight.
= Aku perlu menurunkan berat badan.

➤ I'm overweight.
= Aku kelebihan berat badan.

➤ I'm underweight.
= Berat badanku kurang.
= Aku terlalu kurus.

WELL

➤ I hope all is well with you.
= Aku harap kamu baik-baik saja.

➤ Things are going well with me.

= Aku baik-baik saja.

➢ *All is well with me.*
= Kabarku baik-baik saja.

➢ *Get well soon.*
= Cepat sembuh, ya.

➢ *Let well enough alone.*
= Syukuri saja apa yang sudah menjadi milik kita.

WET

➢ *Slick when wet.*
= Licin waktu hujan.

➢ *I got wet like a drowned rat.*
= Aku jadi basah kuyup.

WHAT

➢ *What's it all about.*
= Emangnya ini ada apa?

➢ *What's in it for me?*
= Apa imbalannya buat aku?

➢ *What is it you want?*
= Emang kamu pengen apa sih?
= Emang apa maumu sih?

➢ *What is it you like?*
= Emang apa yang kamu suka?

- ➤ *What was that?*
- = Apa itu tadi?

- ➤ *What's that for?*
- = Itu buat apa?

- ➤ *What's it for?*
- = Ini buat apa sih?

- ➤ *What's the so called ….?*
- = Apa yang disebut dengan ….?

- ➤ *What's wrong with your car?*
- = Kenapa mobilmu?
- ➤ *What about yesterday?*
- = Gimana soal kemarin?

- ➤ *What about leaving now?*
- = Gimana kalau kita berangkat sekarang?

- ➤ *What if I wait here?*
- = Gimana kalau aku nunggu di sini saja.

- ➤ *What if she doesn't come?*
- = Gimana kalau dia nggak datang?

WHATEVER

- ➤ *Whatever I do is wrong.*
- = Apa saja yang aku lakuin salah melulu.

WHENEVER

> Whenever you like.
= Kapan saja kamu suka.

WHERE

> Where were we?
= Sampai di mana tadi kita?
= Sampai di mana obrolan kita tadi?

> Where was she? (**she** untuk wanita)
> Where was he? (**he** untuk pria)
= Tadi dia di mana?

> Where were you?
= Tadi kamu ke mana?
= Tadi kamu di mana?

WHILE

> A little while ago.
= Barusan saja.

> Once in a while.
= Sekali-kali.

> In a while.
= Sebentar lagi.

> While I'm here.
= Mumpung aku lagi di sini.

WHO

- *Who was that lady?*
= Siapa perempuan tadi itu?

- *Who was that guy?*
= Siapa cowok itu tadi.
- *Who was she?* (**she** untuk wanita)
- *Who was he?* (**he** untuk pria)
= Tadi itu siapa?

WHY

- *Why should I?*
= Ngapain jugalah!
= Emang gua pikirin?

WILLPOWER

- *You should have your willpower.*
= Kamu harus punya tekad yang kuat.

WISE

- *He's a wise guy.*
= Dia orang yang sok tahu.

WISH

- *Than wish I had.*
= Daripada aku menyesal nanti.

➢ *Than wish you had.*
= Daripada kamu menyesal nanti.

➢ *I'd better leave now than wish I had.*
= Lebih baik aku pergi sekarang daripada menyesal nanti.

➢ *She must have her own wish.*
  (**she/ her** untuk wanita)
➢ *He must have his own wish.*
  (**he/ his** untuk pria)
= Dia pasti ada maunya.

➢ *I wish it were just that.*
= Buat aku sih masih mending kalau begitu.

➢ *I wish I knew her.* (**she** untuk wanita)
➢ *I wish I knew him.* (**he** untuk pria)
= Sayang aku nggak kenal dia.

➢ *I wish I knew it.*
= Sayang aku nggak tahu soal itu.

➢ *I wish I could help you.*
= Sayang aku nggak bisa nolongin kamu.

➢ *I wish she were here with us now.*
  (**she** untuk wanita)
➢ *I wish he were here with us now.*
  (**he** untuk pria)
= Sayang dia nggak di sini bareng kita saat ini.

- ➢ *I wish you would.*
- = Kepingin aku sih kamu mau.

- ➢ *I wish it were just that.*
- = Mendingan kalau begitu.

WOMAN

- ➢ *I'm a woman now.*
- = Sekarang aku sudah jadi wanita dewasa.

WONDER

- ➢ *No wonder!*
- = Nggak heran!

- ➢ *I wonder what it is.*
- = Heran, apa ini?

- ➢ *I wonder where she is.* (**she** untuk wanita)
- ➢ *I wonder where he is.* (**he** untuk pria)
- = Heran, kemana dia, ya?

WORD

- ➢ *Those are fighting words.*
- = Itu ucapan yang bisa menimbulkan pertengkaran.

- ➢ *Can I have a private word with you?*
- = Bisa kita bicara empat mata.

- ➢ *I give you my word.*

= Aku janji sama kamu.

➤ *You have my word.*
= Aku janji sama kamu.
= Pegang janjiku.
= Pegang kata-kataku.

➤ *He's a man of his word.*
= Dia orangnya suka tepat janji.

➤ *Those are bad words.*
= Itu ucapan yang nggak baik.

➤ *Let me finish my words.*
= Jangan potong dulu perkataanku.
= Biarkan aku selesai bicara dulu.

➤ *I lost my words.*
= Aku jadi lupa mau bilang apa tadi.

➤ *You have a way with words!*
= Emang kamu pintar ngomong sih!
= Dasar kamu pintar ngomong!

➤ *Not a word to anybody.*
= Jangan bilang ke siapa-siapa.

WORK

➤ *It's not working.*
= Lagi rusak.
= Lagi nggak jalan.

- ➢ It worked out.
- = Berhasil sesuai rencana.
- = Berjalan lancar sesuai rencana.

- ➢ It didn't work out.
- = Nggak berhasil.
- = Nggak berjalan sesuai rencana.
- = Gagal

- ➢ My work's getting busier.
- = Kerjaanku tambah banyak.

- ➢ Let's get back to work.
- = Ayo kita mulai kerja lagi.

- ➢ Back to work!
- = Ayo, kembali kerja!

- ➢ Do you work day or night shift?
- = Kamu kerja siang atau malam?
- ➢ I'm at work.
- = Aku lagi kerja.

- ➢ Work and study have made me so stressed out.
- = Kuliah sambil kerja bikin aku stres.

- ➢ We're working on our new project.
- = Kami lagi ngerjain proyek baru.

- ➢ I'm working out on it.
- = Aku lagi ngurusin soal itu.

- ➢ *His work knows no limits.*
- = Dia kalau kerja nggak kenal batas.

- ➢ *My work's getting busier.*
- = Kerjaanku tambah banyak.

- ➢ *Been working long?*
- = Sudah lama kerja di sini?

- ➢ *It's so noisy that I couldn't get any work done.*
- = Tadi gaduh sekali sampai aku nggak bisa kerja.

- ➢ *It's a dirty work.*
- = Itu pekerjaan yang kotor.

- ➢ *I have my work piled up.*
- = Kerjaanku bertumpuk.

WORRIED

- ➢ *She's worried to death.* (**she** untuk wanita)
- ➢ *He's worried to death.* (**he** untuk pria)
- = Dia merasa khawatir setengah mati.

WRITE

- ➢ *She's a born writer.* (**she** untuk wanita)
- ➢ *He's a born writer.* (**he** untuk pria)
- = Dia seorang penulis berbakat.

WRONG

- ➢ *What's wrong with it?*
- = Emangnya kenapa gitu?

- ➤ *Don't get me wrong.*
- = Jangan salah paham sama aku.
- = Jangan salah mengerti sama aku.
- = Jangan salah mgertiin aku.

- ➤ *Anything's wrong?*
- ➤ *Something's wrong?*
- = Ada masalah?
- = Ada kesulitan?

- ➤ *Nothing's wrong.*
- = Nggak ada masalah.
- ➤ *What's wrong with you?*
- = Kamu kenapa?

- ➤ *What's wrong with your car?*
- = Mobilmu kenapa?

- ➤ *You're wrong.*
- = Kamu salah.
- = Kamu keliru.

- ➤ *When one thing goes wrong, everything goes wrong.*
- = Kalau sudah salah sekali, terus salah.

- ➤ *You got the wrong number.*
- = Kamu salah sambung.

- ➤ *You got the wrong man.*
- = Kamu salah tangkap orang.
- = Kamu salah mendatangi orang.

➢ *You're barking up the wrong tree.*
= Kamu salah memarahi orang.

➢ *You got me wrong.*
= Kamu salah sangka sama aku.
= Kamu salah paham sama aku.

Jika Anda memerlukan penjelasan mengenai penggunaan ungkapan-ungkapan dalam buku ini, silakan hubungi penulis di nomor telepon di bawah ini :

(022) 911 711 59
(022) 70 3132 74
081 322 8483 56

tanpa dipungut bayaran.

DAFTAR PUSTAKA

Allen, W. Stannard, *LIVING ENGLISH STRUCTURE*, Fifth Edition, Longman Group Limited, London, 1974.

Shadily, Hassan and Echols, John M., *KAMUS INGGRIS INDONESIA*, PT Gramedia, Jakarta.

English Language Service Inc., *ENGLISH 900* Books One, Two, Three, Four, Five, Six, Coller Macmillan Publishers, London.

Hornby, A.S., Gatenby, A.V., and Wakefield, H., *THE ADVANCED LEARNER'S DICTIONARY OF CURRENT ENGLISH*, Second Edition Oxford University Press, London, 1973.

Thomson, A.J. and Martinet, A.V., *A PRACTICAL ENGLISH GRAMMAR*, Third Edition, English Language Book Society, Oxford University Press, 1981.

_____*A PLAIN ENGLISH HANDBOOK*_____

Crowe, Cecil, *THE TWICE BORN*, Dell Publishing Co. Inc., New York, 1975.

Dolinsky, Mike, *MIND ONE*, Dell publishing Co. Inc., New York, 1972.

Lewis, Norman, *THE NEW ROGET'S THESAURUS*, G.P. Putnam's Sons, New York, 1980.

_____ *OXFORD PRACTICE TESTS FOR THE TOEIC TEST*, Books 1 & 2, Oxford University Press, New York.

Phillips, Deborah, *LONGMAN PREPARATION COURSE FOR THE TOEFL TEST*, Volume A: *Skills and Strategies*,

Second Edition, Addison – Wesley Publishing Company Inc., 1996.

Phillips, Deborah, **LONGMAN PREPARATION COURSE FOR THE TOEFL TEST**, Volume B: *Practice Tests*, Second Edition, Addison – Wesley Publishing Company Inc., 1996.

Podo, Hadi & Sullivan, Joseph J., **KAMUS UNGKAPAN INDONESIA – INGGRIS Jilid I & II**, Penerbit PT Gramedia,1985.

Sharpe, Pamela J., Ph.D., **PRACTICE EXERCISE FOR THE TOEFL**, Fifth Edition, Barron's Educational Service Inc., Penerbit Binarupa Aksara, Ciputat, Indonesia, 2005.

Sharpe, Pamela J., Ph.D., **HOW TO PREPARE FOR THE TOEFL**, Eleventh Edition, Barron's Educational Serries, Suneel Galgotia, Galgotia Publication Pvt. Ltd., New Delhi, India, 2005.

_____**THE DARK AT THE TOP OF THE STAIRS**_____

Wilson, Sloan, **THE MAN IN THE FLANNEL SUIT**, Pan Books Ltd., London, 1958.

- Sumber utama : - Film-film dan
  - Lagu-lagu berbahasa Inggris.

UNTUK INFORMASI ANDA

EDDY M. YUSUF S.

Pendiri & Pengelola

LEMBAGA BAHASA INGGRIS
"THE ALABAMA ENGLISH SPEAKING CLUB"
Since 1986

dan
Penerjemah, Penulis & Instruktur Privat Bhs. Inggris

Memberi bantuan latihan bahasa Inggris untuk:

- Mahasiswa S1,S2,S3
- Guru bahasa Inggris
- TOEFL/TOEIC/IELTS
- Med. Doctors
- Pharmacists
- Sanitary engineers
- Hydrologists
- Geologists

- Civil engineers
- Agronomists
- Social researchers
- Urban planners
- PR Officers
- Entrepreneurs
- Hotelmen
- Teknik penerjemahan

Jika Anda memerlukan bantuan pelatihan bahasa Inggris, silakan hubungi nomor telepon di bawah ini:

(022) 911 711 59
(022) 70 3132 74
081 322 8483 56

CPSIA information can be obtained at www.ICGtesting.com
Printed in the USA
LVOW08s2039080715

445463LV00001B/53/P